지성인(知性人)을 위한 필독서

유불(儒佛)사상 융합 연구

- 하나가 둘이요, 둘이 하나다 -

김해영

머리말

100년 전, 인류(人類)가 생산한 지적자산을 동일한 만큼 양적(量的)으로 생산하는 데 소요되는 시간이 100년이 걸렸다고 합니다. 요즘은 인류가 생산한 지적자산을 동일한 만큼 양적으로 생산하는 데 소요되는 시간이 불과 3시간이면 가능한 시대입니다. 일찍이 경험해보지 못한 세상에서 우리는 호흡하고 있습니다. 그래서 일각에선 속도보다 방향이란 말이 회자(膾炙)되곤 하나 '넋 놓고 살 수 없는 시대'에 있는 것입니다.

엥겔스가 1844년 '산업혁명'이란 용어를 처음 사용한 후, 토인비가 이를 대중화한 것은 잘 알려진 사실입니다. 이로부터 2차와 3차를 거쳐 어느새 4차 산업혁명 시대, 즉 메타(Meta) 시대로 깊숙이 들어왔습니다. 메타 시대는 '인문학과 과학이 통섭되는 시대'입니다. 컴퓨터 기술

기반의 인공지능[AI], 사물인터넷[Iot], 클라우드(Cloud), 빅데이터(Big Data), 모바일(Mobile) 등이 신대륙인, '디지털 생태계로 전환'시킨 것입니다.

세상에는 '두 종류의 지식이 존재'합니다. 하나는 내가 알고 있다는 느낌의 지식이고, 다른 하나는 내가 알고 있는 느낌의 정도가 아닌, 설명도 가능한 지식입니다. 따라서 지식은 설명까지 가능해야 살아있는 지식이라 할 수 있습니다. 그렇다면 정보의 홍수 속에 살고 있는 오늘날 지식인들은 어떤 지식을 흡수하고 소화시켜 설명할 수 있을까요. 이는 선현(先賢)들의 사상(思想)을 '올바로 받아들이는 자세일 것'입니다.

우리는 모두 과거가 아닌 미래를 향해 나아갑니다. 미래는 '지금 바로 여기'입니다. 윌리엄 깁슨의 "미래는 이미 와 있다. 다만 널리 퍼지지 않았을 뿐."이란 주장도 있으나, 이전에 전혀 듣도 보도 못한 디지털 신대륙이란 곳에서 호흡해야 합니다. 이를 위해선 신대륙으로 들어가는 디딤돌인 인문학을 읽어내는 능력을 길러야 합니다. 나 자신만의 삶이 아닌, 공동체의 항구적인 발전과 보전을 위한 일이기 때문입니다.

주지하듯 세상은 빠르게 변하고 있지만, 인간의 마음은 여전히 제자리에서 벗어나지 못하고 있습니다. 과학이 진리를 대신하고, 기술이 지혜를 흉내 내는 시대에도, 우리는 여전히 "나는 누구인가, 어떻게 살아야 하는가."를 묻습니다. 이 오래된 물음이 사라지지 않는 이유는, 인간 존재의 근본이며 철학의 출발이기 때문입니다. 그리고 이 물음이 지속되는 한, 철학은 결코 과거의 학문이 아닌 '현재의 사유(思惟)'입니다.

유교와 불교는 이 물음 앞에서 동양사상의 두 축을 이뤘습니다. 유교는 인간을 도덕중심으로, 불교는 존재의 중심으로 세웠습니다. 한쪽은 세상을 닦는 길을, 다른 한쪽은 마음을 비우는 길을 제시했습니다. 하지만 이 두 길은 서로를 향해 열려 있었고, 결국 '자기를 완성하고 세상을 밝히는 하나의 길'로 이어졌습니다. 이 만남의 자리에서, 동양적 사유는 인간을 행위하는 존재이자, 깨닫는 존재로 새롭게 정의했습니다.

『유불(儒佛)사상 융합 연구』는 두 사상의 대화를 통해 동아시아 사유의 구조를 복원하려 합니다. 공자와 석가모니로 출발해 주자와 혜능, 퇴계와 원효에 이르기까지, 사유의 흐름 속에서 인간과 세계, 도덕과 자각이 어떻게 만나고 변형되었는지를 살핍니다. 이 만남은 단지 철학의 변천이 아닌, 한 문명권이 인간의 마음을 이해해온 긴 여정의 기록입니다. 철학이 인간의 마음을 통해 세계를 사유해온 정신의 역사입니다.

오늘날 우리는 다시 이 마음의 철학을 불러내야 합니다. 기술의 속도보다 깊은 성찰이, 정보의 양보다 조화의 지혜가 필요합니다. 유교의 인(仁)과 불교의 공(空)은 과거의 사상이 아닌, 불안한 시대를 살아가는 인간에게 주어진 현재의 언어입니다. 『유불(儒佛)사상 융합 연구』가 모든 동학들의 마음을 따뜻하게 비추는 작은 거울이 되길 바라며, 이 거울 속에서 다시 '인간다움'의 의미를 새롭게 재발견하길 기대합니다.

2025년 11월

우만동(牛滿洞) 승영철학사상연구소에서

김해영

차례

Ⅰ. 서론[1]

1) 이 책은 동아시아 사상의 깊이를 현대적으로 되살리려는 시도이자, 철학과 종교, 문화 등을 넘나드는 통합적 사유의 장이다. 유교의 인(仁)과 불교의 공(空)은 결코 과거의 사상이 아니다. 이는 오늘의 인간이 다시 '마음'을 배우고, 다시 '삶'을 사유하기 위한 미래의 철학 언어이다.

동아시아의 하늘엔 두 개의 큰 별이 빛납니다. 하나는 '인간의 도덕적 완성'을 추구한 유교(儒教)와 다른 하나는 '존재의 자각과 해탈'을 지향한 불교(佛教)입니다. 두 사상은 서로 다른 길을 걸었지만, 근원은 늘 '인간은 어떻게 살아야 하는가'란 공통의 물음이 있었습니다. 여기서 유교는 인간을 '세상 속의 존재'로 보았습니다. 하늘과 인간, 사회와 개인이 조화를 이루는 도덕적 질서의 회복이, '인간 존재의 궁극'입니다.

즉 유교의 길은 '인간의 완성이자 세상과의 조화'입니다. 이곳에서의 철학은 '행위의 원리'이며, 윤리는 곧 존재의 형식입니다. 이에 반해 불교는 인간을 '내면의 존재'

로 보았습니다. 이는 세상을 벗어나려는 것이 아닌, 세상의 근원을 새롭게 깨닫는 탐구입니다. 말하자면 '모든 것은 인연(因緣)으로 일어나고 사라진다'는 이 세계의 진실을 '연기(緣起)'라 칭하는데, 이 속에서 인간은 고통과 무지의 굴레를 자각합니다.

그리고 자신 안의 진실한 마음을 밝히는 깨달음의 길로 나아갑니다. 이곳에서의 철학은 '자각의 실천'이며, 깨달음은 곧 자유의 다른 이름입니다. 유교와 불교는 이처럼 서로 완전히 다른 길을 걸었으나, 이들의 사유(思惟)는 거대한 한 줄기 강물처럼 결국 '인간의 근원적 물음'으로 흘러들어갑니다. 여기서 유교는 '인간은 무엇을 행해야 하는가'라고 묻는다면, 불교는 '인간은 무엇으로 존재하는가'라고 묻는 것과 같습니다.

즉 유교는 '도덕적 인간학', 불교는 '존재론적 인간학'이라 할 수 있습니다. 그런데 이 두 물음은 결코 분리되거나 유리된 것이 아닙니다. 행위의 진실은 존재의 진실에 닿고, 존재의 자각은 행위의 도덕으로 이어지기 때문입니다. 이 만남의 지점에서, 동아시아 사유는 서양의 이성 중심의 철학이 미처 닿지 못한, '삶과 철학의 일체성'

을 이룩했습니다. 이 책은 이 물음을 '철학과 사상, 문화의 세 층위에서 재구성'합니다.

먼저 각 사상이 형성된 시대적 배경과 정신적 위기를 통해 유교와 불교가 출발한 인간 이해의 좌표를 살핍니다. 이후 두 사상의 전개 과정을 따라가며 '유교의 도덕적 세계관'과 '불교의 존재론적 세계관'이 어떻게 각기 다른 형이상학으로 성숙해갔는지를 탐구합니다. 마지막으로 두 흐름이 동아시아 역사 속에서 어떻게 만났고, 어떻게 서로를 변형시키며 '유불융합(儒佛融合)'이란, 지성의 사건으로 발전했는지를 살핍니다.

유불융합은 단순한 사상적 절충이 아닙니다. 이는 도덕과 자각, 이성과 깨달음이 서로를 포용하며 새로운 사유의 지평을 연 '통합적 철학의 형식'입니다. 이 통합의 전통은 송대(宋代) 성리학(性理學)에서 한층 체계화되었고, 한국의 사상가들에게 이어지며 윤리와 행위, 존재를 아우르는 '동아시아적 인간학'의 틀을 형성했습니다. 따라서 유불사상이 오늘의 인간에게 여전히 살아 있는 철학적 생명력을 지니는 이유입니다.

다시 말해 유불사상은 오늘의 인간에게 여전히 살아 있는 철학적 생명력을 지니고 있음을 보여줍니다. 즉 오늘날 우리는 '과학과 기술, 정보와 효율이 지배하는 시대'를 살고 있습니다. 하지만 문명의 발전이 인간의 완성을 완전히 보장하진 못합니다. 오히려 삶의 속도가 빨라질수록 인간은 순수한 마음[心]을 잃어갑니다. 이때 유교의 '수양(修養)'과 불교의 '수행(修行)'은 다시금 '인간을 인간답게 만드는 길'로 안내합니다.

유교는 우리에게 '행위의 중심을 잃지 말라'하고, 불교는 '존재의 중심을 잊지 말라'고 일러줍니다. 이 두 목소리는 서로 다르면서도 인간의 본질에 관해선 동일합니다. 이것이 바로 '동아시아 사상의 핵심[心]'입니다. 우리는 지금 여기서 이 마음의 철학을 복원하고자 합니다. 도덕적 윤리와 존재의 자각, 사회적 관계와 내면의 깨달음 그리고 인간의 한계와 초월의 가능성을 동양적 사유의 언어로 다시 연구하고자 합니다.[2)]

---

2) 이는 과거의 학문이 아닌, 오늘과 내일을 향한 철학적 사유의 문이다. 유교와 불교, 두 사상의 깊이는 지금 이 시대에도 여전히 우리에게 묻는다. '너는 어떤 마음으로 살고 있는가.' 이 물음으로부터 연구는 시작된다.

1. 동양사상의 두 축, 유교와 불교[3)]

1) 동양사상의 지형과 두 사상의 위상

동양의 정신세계는 두 개의 거대한 사유의 강줄기로 흐릅니다. 하나는 인간의 도덕적 자각을 근본으로 한 유교의 세계, 다른 하나는 존재의 실상을 깨닫고 해탈을 지향하는 불교의 세계입니다. 이 두 사상의 기원은 다르지만, 동아시아의 사유와 문화를 형성한 두 개의 축이 되어 오늘날까지도 사상적 지평을 지배하고 있습니다. 여기서 유교는 인간과 사회의 도덕적 질서를 정립하려는, 이른바 '내재적 이성의 철학'입니다.

반면 불교는 존재의 근원적 실상을 통찰하려는, 이른바 '초월적 자각의 철학'이라 할 수 있습니다. 즉 유교가 '인간은 어떻게 살아야 하는가'라는 도덕적 문제를 중심에 둔다면, 불교는 '존재는 왜 괴로우며 어떻게 자유로워

---

3) 유교와 불교를 연구함에 있어 전제하면 좋을 만한 힌트가 있다. 유교는 치세지학(治世之學), 즉 '세상을 다스리는 학문'이고, 불교는 치심지학(治心之學), 즉 '마음을 다스리는 학문'이란 사실이다.

질 수 있는가'라는 실존적 문제를 중심에 두고 탐구합니다. 이처럼 유교와 불교는 각각 다른 윤리와 가치를 지향하면서도, 인간의 궁극적 의미를 지닌 '동양사상의 두 극(極)'이라 할 수 있습니다.

따라서 이 두 사상은 대립만으론 설명되지 않습니다. 오히려 상호 비판과 융합의 과정을 거치며 동아시아의 정신을 형성했습니다. 즉 유교의 '인(仁)과 예(禮)가 사회적 질서'를 세웠다면, 불교의 '자비(慈悲)와 공(空)은 이 질서의 내면을 비추는 거울'이 되었습니다. 유교는 현실의 윤리를 세웠고, 불교는 이 현실의 무상성을 일깨웠습니다. 결과적으로 동양의 인간은 이 두 사상 사이에서 복합적 인간상을 형성했습니다.

다시 말해 유교와 불교의 가치 지향은 '도덕과 자각, 관계와 초월, 현실과 해탈'이란 복합적 인간상을 형성했다고 할 수 있습니다. 따라서 유교와 불교사상을 단순한 역사적 비교의 대상만이 아닌, 동양사상의 두 존재방식, 즉 '인간을 어떻게 이해하고, 어떻게 살아야 하는가'를 탐구한 철학적 실천의 체계로 조명하고자 합니다. 아울러 두 사상의 대화를 통해 인간 존재의 깊이와 삶의 방향성을 새롭게 성찰코자 합니다.

2) 철학적 · 종교적 · 문화적 접근의 방법론

유교와 불교의 비교는 단순히 교리나 개념의 병치(倂置) 정도가 아닙니다. 이 두 사상은 각기 다른 인식론과 존재론, 윤리론의 체계를 지니고 있습니다. 이 체계는 철학적 논리와 종교적 체험, 문화적 실천이란 세 층위에서 구체화되고 있습니다. 따라서 여기선 다음의 세 가지 관점으로 두 사상에 접근하고자 합니다. 첫째, 철학적 접근입니다. 이 접근은 개념적 분석과 논리적 구조를 통해 사상을 이해하는 방식입니다.

가령 유교의 '이(理)'와 불교의 '공(空)'은 모두 존재의 근원을 탐구하지만, 방법과 의미는 전혀 다릅니다. 철학적 접근은 이런 개념의 내적 구조를 분석함으로써, 두 사상의 '세계 이해 방식'을 명확하게 하는 데 목적을 둡니다. 둘째, 종교적 접근입니다. 유교가 도덕적 실천을 통해 성인(聖人)의 경지를 지향한다면, 불교는 수행과 깨달음을 통해 부처[佛]의 경지에 이르는 것입니다. 이처럼 두 사상의 지향은 서로 다릅니다.

하지만 궁극적으로 인간의 완성[성인과 부처] 문제를 지향한다는 점에선 맞닿아 있습니다. 즉 이 두 사상은 모두 인간의 초월적 가능성을 전제한다는 점에서, 이른바 '종교적 실천의 철학'이라 할 수 있습니다. 따라서 비교는 믿음의 우열을 논하기보다, 인간이 스스로를 초월하려는 내면의 열망이 어떻게 표현되는가를 분석하는 데 집중됩니다. 셋째, 문화적 접근입니다. 사상은 추상적(抽象的) 논리로만 존재하지 않습니다.

이것은 예술과 문화, 윤리, 심지어는 정치 등 일상 속에서 구체화됩니다. 여기서 유교의 예(禮)는 사회의 규범이 되었고, 불교의 자비(慈悲)는 객관적인 예술의 형식으로 승화되었습니다. 이런 영향으로 동아시아의 건축(建築)과 회화(繪畫), 시문(詩文), 의례(儀禮) 속에는 유교와 불교사상의 흔적이 함께 숨 쉬고 있습니다. 따라서 문화적 접근은 사상의 '삶 속 구현'을 통해 철학의 실제적 영향력을 탐색하는 과정입니다.[4)]

---

4) 여기서 철학적 · 종교적 · 문화적 관점으로 분류하면, '사유의 구조', '체험의 내면', '문화의 형상'이란 세 층위가 동시에 조망된다. 이를 통해 유교와 불

2. 사상적 배경과 시대정신

1) 춘추시대와 마가다 시대[5]의 정신적 위기

사상은 늘 '시대의 위기' 속에서 태어납니다. 유교와 불교 또한 예외가 아닙니다. 탄생의 배경을 보면, 한 시대를 뒤흔든 '도덕적 붕괴와 존재적 불안'이 자리하고 있습니다. 중국의 춘추시대는 주(周) 왕조의 예(禮)가 무너지고 천(天)의 권위가 흔들리면서,[6] 정치와 사회는 극도

교사상을 보면, 단순한 과거의 유물이 아닌 오늘의 인간이 다시 물어야 할 근본적 질문임을 확인하게 될 것이다.

5) 중국의 춘추시대(春秋時代)와 인도의 마가다(Magadha) 시대는 모두 기원전 6~5세기경, 각 지역에서 강대국들이 경쟁하면서 정치와 사회가 급격히 변화한 시기란 공통점이 있다. 시대적 배경과 구조를 보면, 춘추시대는 전국시대(戰國時代)의 전 단계로, 여러 제후국들이 패권을 다투며 혼란과 혁신이 공존한 시기다. 반면 마가다 시대는 인도 북동부의 마가다 왕국을 중심으로 16대국이 경쟁하던 시기로, 마가다가 북동부의 최강대국으로 성장한 시기다. 주요 특징을 보면, 춘추시대는 제후국 중심의 다원적 정치체제였으나, 마가다 시대는 마가다와 코살라 등 강대국이 주도하는 경쟁 구도였다. 경제와 사회에선 두 시기 모두 농업과 상공업이 발달하고, 신흥 지배계급과 카스트(Caste) 제도가 확립되었다.

6) 주(周)나라 왕조의 예(禮)가 무너지고, 천(天)의 권위가 흔들린 현상은 춘추시대(B.C.770~B.C.476)로, 이른바 '통치 질서와 천명(天命)사상이 약화된 시기'를 가리킨다.

로 혼란한 시기였습니다. 봉건 질서가 사실상 해체되자 '어떻게 살아야 하는가'에 대한 전통적 해답을 잃고, '새로운 도덕적 길'을 모색했습니다.

군신(君臣)관계, 즉 군주와 신하, 부자(父子)관계, 즉 부모와 자식, 붕우(朋友)관계, 즉 친구와 친구의 윤리는 흔들렸으며, 사회 또한 이익(利益)과 패도(覇道), 즉 힘의 논리로만 지배하는 시대로 변모했기 때문입니다. 바로 이 도덕적 타락의 시대에 공자[7]는 인(仁)이란 도덕적 빛으로 인간의 길을 다시 세우려 했습니다. 따라서 공자에게 있어 철학은 사변적이 아닌, '붕괴된 인간 세상을 회복하려는, 실천적 행위'였습니다.

한편 거의 같은 시기 인도의 마가다 왕국은 '종교적 신념의 위기' 속에 있었습니다. 브라만교(婆羅門教)는 제

7) 공자(孔子 : B.C.551~B.C.479)는, 춘추시대(春秋時代) 철학자로, 이름은 구(丘), 자는 중니(仲尼)다. 노(魯)나라 사람으로, 천하를 주유하면서 '인(仁)'을 정치와 윤리의 이상으로 삼는 도덕주의를 설파하여 이른바 '덕치(德治)'를 강조했다. 만년엔 교육에 전념하여 3,000여 명의 제자를 길러 내고, 『시경(詩經)』과 『서경(書經)』 등의 고전을 정리했다. 제자들이 엮은 『논어(論語)』에 그의 언행과 사상이 잘 나타나 있다.

의(祭儀)[8]와 계급[카스트]의 권위 속에 갇혀 있었고, 신(神)의 이름으로 인간의 고통을 정당화했습니다. 결과적으로 인간은 '행위의 주체'가 아닌, '운명에 종속된 존재'로 전락했습니다. 석가모니는 바로 이런 부조리한 세계에서 인간 자신이 고통의 원인을 직시하고, 이로부터 '자유로워질 수 있음을 선언'했습니다.

석가모니는 신(神)을 부정하지 않았습니다. 대신 '신에 대한 의존을 초월한 인간의 자각(自覺)'을 중시했습니다. 이처럼 춘추와 마가다는 각기 다른 문화와 종교적 토대를 지녔지만, '인간 중심의 새로운 사유를 요청한 시대'였습니다. 유교와 불교는 이 요청에 대한 응답이었다고 할 수 있습니다. 하나는 사회적 질서의 회복을 통해 인

8) '브라만교[Brahmanism]의 제의(祭儀)'는, 베다 경전[B.C.1500년경부터 전해 내려온 인류 최초의 경전으로, 힌두교의 가장 근본적인 토대를 이루며 종교와 신화, 철학의 기초가 되는 문헌]에 근거한 희생제와 자연신 숭배, 카스트[계급] 기반의 의례가 핵심이다. 브라만교 제의는 주로 소를 비롯한 동물을 도살하는 희생제를 통해 신에게 제물을 바치고, 사회적 질서와 신의 은총을 기원했다. 신전(神殿)이나 신상(神像)은 없이 자연과 우주를 신성한 존재로 여기며, 베다 경전의 찬가와 의례를 통해 제의를 진행한 것이 특징이다. 한편 카스트 내에서 세습적으로 제의를 주관하며, 사회 질서와 종교 의례가 밀접하게 결합되었다. 여기서 불교와 자이나교 등 새로운 종교가 등장했으며, 이후 브라만교는 힌두교로 발전하며 제의와 교리가 간소화되었다.

간 세상을 회복하려 했고, 다른 하나는 내면의 깨달음을 통해 존재를 구제하려 했습니다.[9)]

2) 공자와 석가모니의 사유적 반응

공자(孔子)는 도덕적 질서가 무너진 시대에서 인과 예[10)]를 바탕으로 한 윤리적 사회를 재건하고자 했습니다. 그는 하늘의 명(命)을 믿었으나 초월적 권위가 아닌, 인간의 마음속에 내재된 도덕적 질서로 이해했습니다. 즉 공자에게 있어 '천(天)'은 멀리 있는 신(神)이 아닌, '인(仁)'을 실천할 수 있는 인간의 도덕적 가능성입니다. 따라서 그의 철학은 초월적인 신앙보단 인간 안의 하늘을 회복하는, 윤리적 자각의 철학입니다.

다시 말해 그의 사상은 인(仁)이고, 이를 구현하기 위

---

9) 이처럼 두 사상은 '혼란의 시대에 인간은 어떻게 할 것인가.'라는 시대적 물음에서 출발했다.

10) 공자가 인(仁)과 예(禮)를 강조한 것은, 혼란스러운 사회에서 인(仁), 즉 '타인에 대한 사랑과 배려', 예(禮), 즉 '사회적 규범과 질서의 회복'을 통해 윤리적 공동체를 만들고자 한 것이다.

한 덕목은 수기치인(修己治人)입니다. 이는 혼란한 세상을 바로잡기 위한 실천적 윤리학이며, 자신의 삶 전체를 통해 '인간으로 살아야 하는 길'을 증명한 실존적 응답입니다. 석가모니는 다른 길을 걸었습니다. 그는 출가 전, 왕자로 풍요와 쾌락이 인간을 구제할 수 없음을 보았습니다. 늙음과 질병, 죽음 앞에서 존재의 근본적인 '고(苦)'의 구조를 통찰한 것입니다.

그의 깨달음은 신비적 계시가 아닌, 인간의 실존적 조건에 대한 철저한 사유(思惟)였습니다. "모든 것은 인연(因緣)으로 생하고 인연으로 멸한다."는 연기(緣起)의 법칙은 그가 발견한 존재의 철학적 구조였습니다. 석가모니의 사상은 초월을 부정하는 것이 아닌, '내면의 통찰을 통해 초월에 이르는 인간 중심의 길'입니다. 공자에게 인간은, '도덕적 실천의 주체'였고, 석가모니에게 인간은, '자각과 해탈의 주체'였습니다.

다시 말해 공자의 철학은, '세상의 질서를 바로잡으려는 윤리의 철학'이고, 석가모니의 철학은, '세계를 초월하려는 실존의 철학'으로 발전했습니다. 하지만 각각의 사상 근저에는 공통의 물음이 있습니다. '인간은 왜 괴로우며, 어떻게 살아야 하는가'란 것입니다. 이 두 사유의 길은 이후 동아시아의 정신사를 지탱하는 두 기둥이 되었습니다. 즉 서로 다른 방식으로 '인간의 완성이란, 철학적 과제를 추구'한 것입니다.[11)]

11) 공자는 인간 안에서 하늘[天]을 찾았고, 석가모니는 인간 안에서 무(無)를 보았다.

Ⅱ. 유교사상의 구조와 핵심

1. 공자의 인간학과 도덕적 실천

1) 인(仁)과 예(禮), 중용(中庸)의 의미

공자의 사상은 단순한 도덕규범이 아닌, '인간이 되는 길'에 대한 철학적 탐구입니다. 즉 공자에게 철학은 존재의 근원을 묻는 형이상학보다는 '삶의 방향을 정립하는 실천의 학문'인 것입니다. 이 실천의 핵심이 바로 '인(仁)과 예(禮) 그리고 중용(中庸)'입니다. 여기서 인(仁)은 유교 윤리의 근본이자, 공자 사상의 중심입니다. 즉 그에게 '인'은 단순한 덕목이 아닌, 인간 존재가 완성되어 가는

'내적 성장의 원리'입니다.

가령 공자는, "인(仁)은 사람을 사랑하는 것이다."[12]라고 했는데, 이는 감정적 애정이 아닌, '인간 존재의 근본 태도'를 뜻합니다. 즉 '인'은 타자를 향한 사랑이자, 자신을 완성하려는 도덕적 자기 형성의 원리를 뜻합니다. 다시 말해 내 안의 인간성, 즉 인성(人性)을 일깨워 타자에게 향하는 이른바 '도덕적 에너지의 근원'을 가리킵니다. 따라서 '인'은 추상적 덕목보단 인간이 인간으로 살아가기 위한 존재의 방식입니다.

하지만 '인(仁)'이 단지 '내면의 덕(德)'으로 머문다면, 이것은 사회적 실천으로 이어질 수 없습니다. 공자는 이를 위해 '예(禮)'를 세웠습니다. '예'는 '인'이 사회적 관계 속에서 드러나는 '행동의 형식'이며, '내면의 덕'이 외적 질서로 구현되는 '도덕의 구조'입니다. '예'는 인간의 관계를 조율하고, 공동체의 조화(調和)를 가능하게 합니다. 즉 '인'이 인간의 '심성(心性)'이라면, '예'는 인간의 '관계적 질서'를 가리킵니다.

---

12) 『논어』, 「顏淵」: 樊遲問仁. 子曰, 愛人.

공자는 '인'을 통해 본질을, '예'를 통해 형식을 제시함으로써 도덕적 인간과 도덕적 사회의 두 축을 동시에 세웠습니다. 이 두 가지를 아우르는 공자의 통합적 사유가 바로 '중용(中庸)'입니다. 중용은 단순한 '중간'이나 '절충'을 뜻하지 않습니다. 이는 인간의 감정과 행위가 '도덕적 조화의 균형점'을 찾는 실천의 원리입니다. 즉 '기뻐하되 지나치지 않고, 노하되 도를 넘지 않는다.'는 원리의 균형이 이를 말해줍니다.[13]

2) 도덕적 자아의 완성과 관계적 인간관

공자의 인간학은 '도덕적 자아의 완성'을 궁극적 목표로 삼습니다. 그에게 인간은 단순한 생물학적 존재가 아닌, 도덕적 수양을 통해 완성되어야 할 존재입니다. 이 도덕적 완성은 타고난 본성을 따르는 것이 아닌, '계속된 수양(修養)과 반성(反省)'의 과정을 통해 이루어집니

13) 정리하면, '중용(中庸)'은 내적 덕성과 외적 규범 사이의 긴장을 조화시키는, 이른바 '윤리적 지혜'를 뜻한다. 따라서 '인'은 도덕의 근원, '예'는 도덕의 구조, '중용'은 도덕의 방법이라 할 수 있다.

다. 공자가 이른바 '학이시습지(學而時習之)'를 강조한 이유도, '앎이 곧 행위이며, 행위 속'에서 인간이 스스로를 만들어 간다는 확신 때문입니다.

공자는 인간을 독립된 개인으로 보지 않습니다. 철저히 '관계적 인간관'에 기초합니다. 즉 인간은 타자와의 관계 속에서만 자신을 완성할 수 있는 존재입니다. 부자유친(父子有親)과 군신유의(君臣有義), 부부유별(夫婦有別), 장유유서(長幼有序), 붕우유신(朋友有信)이란 오륜(五倫)이 잘 보여줍니다. 이처럼 그의 인간학은 '관계적 인간관'입니다. 이 관계는 단순한 사회 규범이 아닌 '인간 존재의 본질적 구조'를 뜻합니다.

말하자면 공자에게 인간은 관계에서 자신을 확인하고, 관계와의 조화를 통해 '인(仁)'의 완전성을 실현합니다. 이런 관계적 인간관은 '타자 속의 자아', 즉 '나'와 '너'가 함께 도덕적으로 완성되는 인간상을 전제합니다. 가령 "내가 하고 싶지 않은 일을 남에게 시키지 말라."[14]는 말은 타자와 윤리적 동일성을 뜻합니다. 그의 도덕은 이기

---

14) 『논어』, 「衛靈公」: 子貢問曰, 有一言而可以終身行之者乎. 子曰, 其恕乎, 己所不欲, 勿施於人.

심의 극복이 아닌, 타자와의 고통을 공감할 수 있는 '인간의 감수성에서 출발'합니다.

즉 공자의 인간학은 도덕적 규범의 철학보다는 인간의 내면과 관계를 동시에 아우르는 이른바 '전인적 윤리학(全人的 倫理學)'입니다. 결국 공자의 도덕적 실천은 '타자를 향한 사랑'에서 시작해 '자기완성'으로 귀결되며, 이 과정 전체가 인간이 도덕적 존재로 서는 길입니다. 따라서 공자의 인간학은 묻습니다. "인간은 관계에서 어떻게 자기 자신이 될 것인가." 오늘도 여전히 살아 있는 '보편적 윤리의 근원적 물음'입니다.[15]

15) 이처럼 공자의 철학은, '인간이 인간답게 되는 길'을 제시한다.

2. 맹자의 성선설과 도덕철학

1) 측은지심(惻隱之心)[16]의 논리

맹자[17]의 철학은 널리 알려진 '사람의 본성은 본래 선하다[人性本善]'는 한 문장으로 요약됩니다. 하지만 그의 '선함'은 단순한 도덕적 낙관주의가 아닙니다. 이는 '도덕의 근원을 인간 내면에서 찾으려는 철학적 선언'입니다. 그는 '아이가 우물에 빠지는 것을 보면, 모두가 놀라고 측은히 여긴다.'고 말했습니다. 즉 이 말은 인간이 타인의 고통 앞에선 본능적으로 반응하는 '도덕적 감응

---

16) 가령 아이가 우물에 빠지려는 모습을 보면, 사람들은 본능적으로 달려가 구하려는 마음이 생긴다. 또 누군가 힘들어하는 모습을 보면, 함께 그 고통을 나누고자 하는 마음이 생긴다. 뇌과학(腦科學)에선 '거울신경세포[Mirror Neurons]'와 연결된다. 원숭이를 대상으로 한 실험에서 처음 발견된 것인데, 다른 원숭이가 땅콩을 집는 것을 보면, 땅콩을 잡는 행동에 관여하는 자신의 뇌가 활성화된다. 거울신경세포는 행동뿐만이 아닌, 타인의 감정이나 의도를 이해하고 공감하는 능력에 중요한 역할을 한다.

17) 맹자(孟子 : B.C.372~B.C.289)는, 전국시대(戰國時代) 철학자로, 본명은 맹가(孟軻)다. 주자(朱子)는 그를 진(秦)나라 이전 유학(儒學)의 마지막 적통으로 평가했는데, 이 영향으로 오늘날까지 흔히 공자와 함께 공맹(孔孟)으로 언급되어 유교의 대표 인사로 꼽힌다.

(感應)의 능력'을 지녔다는 뜻입니다.

그에게 측은지심은 교육이나 제도의 산물이 아닌, '인간의 본성에 내재된 윤리적 감정'입니다. 따라서 도덕은 외부의 강제가 아닌, 인간 안에서 자생적으로 솟아오르는 마음의 움직임입니다. 이런 도덕심의 구조를 맹자는, 이른바 '네 가지 마음'으로 확장했습니다. 측은지심(惻隱之心)과 수오지심(羞惡之心), 사양지심(辭讓之心), 시비지심(是非之心)입니다. 이는 각각 '인(仁), 의(義), 예(禮), 지(智)'의 단서[端]로 작용합니다.

맹자는 이 '네 가지 마음'을 '도덕의 생명적 씨앗'으로 보고, 이것을 키워가는 과정을, 이른바 '양심(養心)'이라 칭했습니다. 즉 인간은 태어날 때부터 선(善)의 가능성을 품고 있으며, 이 가능성을 길러내는 실천이 곧 도덕의 완성입니다. 여기서 맹자의 '성선설'은 본성이 이미 완전하다는 주장이 아닙니다. 이것은 '인간이 도덕적 가능성을 지닌 존재이며, 이 가능성을 실현할 때 참된 인간이 된다'는 실천적 낙관주의입니다.

또한 여기서의 도덕은 명령이 아닌, '내면의 자각에 근거한 자연적 발현'입니다. 맹자는 '선(善)을 행하는 것은 곧 내 마음이 명령하기 때문'[18]이라 강조합니다. 즉 그에게 있어 도덕은 이념이 아닌 '자연의 이치'이며, 이 이치가 인간 안에서 드러날 때, 비로소 '천(天)'의 뜻이 완성되는 것입니다. 말하자면 인간의 도덕적 감정은 하늘의 이치고, 인간은 이 이치를 실현하는 존재로서 '도덕적 우주와 연결되는 존재'입니다.[19]

2) 도덕적 본성과 정치적 정당성

맹자의 철학이 단지 개인의 윤리학에 머물지 않는 이유는, 그의 '도덕적 본성'이 곧 '정치의 정당성을 규정'하는 근거가 되기 때문입니다. 가령 공자가 '도덕적 인간의 완성'을 강조했다면, 맹자는 이 도덕적 인간이 이루는 '사회와 국가의 정치적 원리'를 제시했습니다. 그는 "백성이 가장 귀하고, 사직이 그다음이며, 군주는 가장 가

18) 『맹자』, 「盡心上」: 人之所不學而能者, 其良能也. 所不慮而知者, 其良知也.

19) 『맹자』, 「盡心上」: 盡其心者, 知其性也. 知其性, 則知天矣. 存其心, 養其性, 所以事天也.

벼운 존재다."[20]라고 하여 도덕적 정치의 중심을 '군주가 아닌 백성'에게 두었습니다.

이는 단순한 민본주의가 아닌, '인간의 도덕적 본성이 정치의 근거가 되어야 한다'는 철학적 선언입니다. 그리고 맹자는 통치의 목적을 '이(利)'가 아닌 '인의(仁義)'에 두었습니다.[21] 따라서 '의(義)를 따르고 이(利)를 버리라'고 주장합니다. 이익을 좇는 정치는 필연적으로 인간의 본성을 훼손한다고 보았기 때문입니다. 그에게 '이상적인 정치'[22]는 백성의 물질적 풍요가 아닌, '백성의 도덕적 존

---

20) 『맹자』, 「盡心下」: 孟子曰, 民爲貴, 社稷次之, 君爲輕. 참고로 이 사상은 대한민국 헌법 1조 2항[주권은 국민에게 있고, 모든 권력은 국민으로부터 나온다.] 등 현대 민주주의의 민본(民本) 원칙과도 연결된다.

21) 『맹자』, 「梁惠王上」: 孟子見梁惠王, 王曰, 叟不遠千里而來, 亦將有以利吾國乎. 孟子對曰, 王何必曰利, 亦有仁義而已矣.

22) 맹자의 '정치철학과 통치관'을 보면, 우선 '민본주의와 왕도정치'를 들 수 있다. 즉 그는 "백성이 곧 하늘이다."라는 민본주의를 바탕으로, 통치자의 덕(德)과 정의, 백성의 신뢰가 중요하다고 주장했다. 그리고 경제적 안정과 도덕성에 있어선 "항산(恒産)이 있어야 항심(恒心)이 있다."는 말처럼, 백성이 경제적으로 안정되어야 도덕적 삶을 영위할 수 있다고 보았다. 즉 물질적 풍요가 아닌 '도덕적 존엄의 보장'이 통치의 핵심 담보인 것이다. 아울러 그에게 있어 도덕적 정치의 실현은 왕도정치(王道政治)로, 폭력이 아닌 '덕과 신뢰, 도덕적 실천'에 기반하며, 통치자는 '자기 수양을 통해 도덕적으로 완성된 군자라야 한다'고 보았다.

엄이 보장되는 사회'입니다.

즉 정치는 인간의 본성에 합치할 때 정당성이 부여되며, 이 본성에 거스르면 폭정(暴政)이 된다고 보았습니다. 이는 본성의 선함을 사회적 질서의 근거로 확장한, 이른바 '윤리적 정치론'입니다. 맹자는 나라의 최고지도자인 왕이 인의를 행하면 왕도(王道)가 이뤄지고, 형벌과 폭력으로 다스리면 패도(霸道)가 된다'고 단호히 말합니다. 여기서 '왕도'란 단순한 통치술이 아닌, 인간의 도덕적 본성을 중심에 두는 정치입니다.

즉 왕도정치는 '도덕적 인간관을 도덕적 국가관'으로 확장한 것입니다. 말하자면 정치란 법과 권력이 아닌, 인간의 양심과 공감에 기초한 공공의 질서입니다. 결국 맹자의 성선설은 '개인의 윤리에서 출발해 정치적 정의로 나아가는 사유의 흐름'을 형성합니다. 도덕은 인간 내면의 감정이면서 동시에 세상을 바로잡는 공공의 힘입니다. 그에게 도덕은 마음속의 연민에서 출발해 세상을 움직이는 정치적 책임으로 완성됩니다.[23)]

---

23) 맹자는, "하늘이 인간에게 준 마음을 보존하는 것이 곧 정치의 도리다.[『맹자』, 「盡心上」: 盡其心者, 知其性也. 知其性, 則知天矣. 存其心, 養其性, 所以事

3. 순자의 성악설과 예치(禮治)

1) 인간의 욕망과 문명화 필요

순자[24]는 인간을 낙관하지 않았습니다. 그는 맹자(孟子)가 주장한 '사람의 본성은 선하다'는 인간관을 정면으로 부정하며, '인간의 본성은 악하다[人之性惡]고 단언'했습니다. 하지만 여기서 '악'은 도덕적 타락이 아닌, '자연적 욕망의 사실성'을 의미합니다. 즉 맹자에게 인간의 본성은 '탐욕과 이기심, 감정과 욕망으로 가득한 상태'를 가리키며, 따라서 이것이 통제되지 않으면 혼란과

天也.]"라고 말한다. 이는 그가 '인간 안의 하늘'을 믿었으며, 하늘은 '인간의 정치에서 울려야 한다'고 믿는 것과 같다.

24) 순자(荀子 : B.C.298~B.C.238)는, 전국시대(戰國時代) 철학자로, 이름은 황(況), 경칭으론 순경(荀卿) 혹은 손경자(孫卿子)로 불린다. 15세부터 직하학궁(稷下學宮)에서 공부했고, 훗날 좨주(祭酒 : 대표)를 세 차례 역임했다. 순자의 사상은 사람의 본성에 이기심이 있기 때문에 환경에 의해 점점 악해지게 되며, 사람은 교육을 받아야만 이 본성에서 벗어날 수 있다는 것이 이른바 성악설(性惡說)이다. 교육에선 특히 예(禮)를 강조했는데, 무릇 왕이라면 '예(禮)로 나라를 다스려야 한다'고 했다. 그에 따르면, 예(禮)란 사람들의 귀천과 직업을 나누는 방식이다. 가령 예(禮)를 통해 구분된 계급과 직업들이, 각각 자기의 위치에서 자신의 일을 열심히 할 때, 나라는 평온해지고 강력해진다는 것이 핵심이다. 왕의 역할은 이런 구분을 통해, 유능하고 현명한 사람을 신하로 삼는 것이다.

갈등이 불가피하다고 본 것입니다.

순자는 주장합니다. "사람의 본성은 악하다. 선(善)은 거짓되어 만들어진 것이다."[25] 여기서 '거짓'이란 이른바 '가짜'가 아닌, '인위(人爲)'를 뜻합니다. 말하자면 선(善)은 자연에 내재하는 것이 아닌, '인간의 노력과 제도를 통해 형성되는 문명적 산물'이란 의미입니다. 즉 인간의 본성 속 욕망을 부정하지 않은 것입니다. 욕망은 인간이 생존하고 발전하는 원동력입니다. 하지만 절제되지 않으면 '사회적 혼란'이 뒤따릅니다.

따라서 순자는 욕망의 억제가 아닌 욕망의 질서화, 즉 인간의 자연성을 '도덕과 제도의 틀 안에서 길들이는 문명화 과정'[26]을 강조했습니다. 그가 말한 문명은 자연의 부정이 아닌, 자연의 재구성입니다. 이 점에서 순자의 사

---

25) 『순자』, 「性惡」: 人之性惡, 其善者僞也.

26) 순자에게 문명은 제도의 문제이자, 동시에 인간학의 문제다. 그는 인간의 악(惡)을 인정하면서도, 그 악을 교정할 수 있는 인간의 능력을 신뢰했다. 이 신뢰가 바로 '예치(禮治)'다. 여기서 잠시 유교 내에서도 사상적 전환점에 이르고 있음에 주목한다. 가령 공자와 맹자가 '도덕의 내면'을 강조했다면, 순자는 '제도의 외면'과 '문명의 형식'으로 확장했다. 즉 유교의 인간학이 도덕적 낙관에서 제도적 현실주의로 이동하는 구간이라 할 수 있다.

유는 '인간과 사회의 관계를 제도적이고, 규범적인 차원에서 바라본 현실주의'입니다. 인간은 본래 악하기 때문에, 사회는 반드시 '법(法)과 예(禮), 교(教)'의 힘으로 '유지되어야 한다'고 본 것입니다.

이는 인간에 대한 냉소가 아닌, 인간의 불완전함을 전제로 한 '도덕적이고 정치적 시스템의 필요성에 대한 통찰'입니다. 결국 순자의 성악설은 인간을 비난하기 위한 이론이 아닌, '인간이 어떻게 문명화될 수 있는가'에 대한 철학적 모색인 것입니다. 순자에게 악은 인간의 숙명이 아닌, '교화와 수양을 통해 극복할 수 있는 출발점'입니다. 즉 성선을 부정하면서도 동시에 '가능성을 긍정한 현실주의 사상가'인 것입니다.

2) 법(法)과 예(禮), 교화(教化)의 조화

순자의 정치철학은 이런 인간 이해를 바탕으로 합니다. 그는 인간의 본성이 기본적으로 악하기 때문에 질서를 유지하기 위해선 '법(法)과 예(禮), 교화(教化)의 조화로운 작용'이 필요하다고 본 것입니다. 여기서 '법(法)'은 질서의 외적 장치입니다. 법은 인간의 행위를 강제하고, 사회의 혼란을 방지하는 최소한의 장치로 기능합니다. 하지만 순자에게 법은 단지 '형벌'이 아닌, 공공의 질서를 유지하는 이성적 기준입니다.[27)]

그리고 '예(禮)'는 법을 넘어선, 이른바 '도덕적이고 문화적 질서의 형식'을 말합니다. '예'는 인간의 욕망을 억제하는 것이 아닌, 지니고 있는 욕망이 서로 충돌하지 않도록 조화시키는 사회적 기제입니다. 이처럼 순자는 예를 인간 문명의 핵심으로 보았습니다. 즉 예가 '인간을 인간답게 만든다'고 보았고, 예의 규범 속에서 인간의 감정과 욕망은 교정되고, 결국 사회는 평화로운 '질서가 유지될 수 있다'고 본 것입니다.

말하자면 '예'는 법의 강제와 달리 '내면화된 사회적 자율의 원리'입니다. 한편 '교화(教化)'는 '인간의 내면을 도덕적으로 길러내는 교육의 과정'입니다. 가령 법이 외적 질서라면, 교화는 내적 도덕의 형성입니다. 따라서 순자는 '교화'를 통해 악(惡)한 본성을 변화시킬 수 있다고

27) 즉 법(法)이 없으면 사회는 무정부 상태가 되고, 도덕은 곧 추상적 이상으로 남게 된다고 본 것이다.

본 것입니다. 이는 오늘날 도덕 교육과 인성 교육의 필요성과도 연결됩니다. 즉 화성기위(化性起僞)와 같은 문화적 교양[28]이 필요한 것입니다.

이와 같은 세 가지, 즉 법(法)과 예(禮), 교화(敎化)는 서로 대립하지 않습니다. 이것들은 인간 사회를 지탱하는 '외적 강제, 사회적 형식, 내적 도덕'의 세 축입니다. 순자는 이를 통합적으로 작동시켜 '인간의 욕망을 제도권에서 길들이고, 욕망을 도덕적 구조로 승화시키는 사회철학'을 제시했습니다. 이런 사유에서 '정치란 단순히 권력의 운영'이 아닌, '인간 본성의 교정을 위한 도덕적 기술[Ethico-Techne]'[29]인 것입니다.

---

28) 인간의 '본성을 변화시켜 인위(人爲)를 일으키는 것'을 뜻한다. 즉 '예를 익혀 따르는 것'과 '스승을 통해 배우는 것', '학문을 좋아하는 것'이다.

29) 미셸 푸코(Michel Foucault : 1923~1984)는, 인간의 자기형성 과정을 설명할 때 'ethico-techne of the self', 즉 '자기의 도덕적 실천기술'이란 표현으로 썼다. 즉 'Ethico-Techne'는 '윤리의 기술' 혹은 '삶을 도덕적으로 구성하는 실천의 기술'이란 의미다. 참고로 'Ethico-Techne'를 동양적으로 보면, 수기치인(修己治人)으로 해석할 수 있다.

4. 주자의 형이상학과 태극

1) 이(理)와 기(氣)의 구조

주자[30]는 유교사상을 형이상학적 차원으로 끌어올렸습니다. 그는 공자와 맹자의 도덕적 가르침을 계승하되, 근원은 우주의 원리로 확장했습니다. 그에게 인간의 도덕은 단지 사회적 규범이 아닌, '천지 만물의 이치와 통하는 보편적 질서'였습니다. 이 질서를 그는 이른바 '이(理)'라 칭했습니다. 이(理)는 존재의 본원적 원리이자, 만물의 법칙입니다. 모든 사물은 '이'를 지니면서, '이'가 사물의 존재와 성격을 규정합니다.

주자는 이를 '이무부재(理無不在)'[31], 즉 '이(理)가 존재

---

30) 주자(朱子 : 1130~1200)는, 송나라 철학자로, 이름은 주희(朱熹), 자(字)는 원회(元晦), 호(號)는 회암(晦庵), 회옹(晦翁) 등이다. 주자의 학문은 이기설(理氣說 : 존재론), 성즉리(性卽理)의 설[윤리학], 격물(格物 : 외부 사물에 나아가 그 이치를 탐구)과 궁리(窮理 : 사물의 이치를 끝까지 추구하여 궁극적으로 도덕적 원칙과 원리를 체득), 거경(居敬)의 설[방법론], 경전의 주석, 역사서 저술, 구체적인 정책론으로 되어 있다.

31) 우주 만물엔 보편적인 원리[理]가 존재하며, 이 원리는 어디에나 편재(遍

하지 않는 곳은 없다'고 표현합니다. '이'란 곧 도덕의 근거이자 존재의 근원입니다. 하지만 '이'만으로 세계가 구성되는 것은 아닙니다. 이(理)가 '질서의 원리'라면, 기(氣)는 '원리를 구체화하는 물질적이고 역동적인 에너지'입니다. 만물은 '이와 기'의 결합으로 이루어지며, '이와 기'는 분리되지 않은 채 서로를 통해 드러납니다. 이를 이기불이(理氣不二)[32]라 합니다.

주자는 초기 '이선기후(理先氣後)'라 하여 '이'의 우위를 인정한 바 있습니다. 하지만 후일 기(氣) 없는 이(理)는 존재할 수 없음도 인정했습니다. 이(理)는 존재의 근원이자 규범의 원리이며, 기(氣)는 변화와 생명의 작용을 담당합니다. 즉 '이와 기'의 결합 속에서 만물이 생성되고, 이 안에서 인간의 삶과 도덕은 이뤄집니다. 이 구조는 단순한 우주론이 아닌, 도덕과 존재가 일체를 이루는 동양

在)해 있음을 강조한다. 불교에서 말하는 '만물이 공(空)하다'는 주장과 달리, 주자는 만물이 실재하며 각자 '이치'를 내포하고 있다고 본다. 즉 인간의 마음과 본성 역시 이 '이치'의 일부이며, 성인(聖人)이 되기 위해선 이 이치를 깨닫고 수양해야 함을 시사한다.

32) 이런 '이(理)와 기(氣)의 상호 관계'를 '이기불상리(理氣不相離), 이기불상잡(理氣不相雜)의 관계' 혹은 '이이일(二而一), 일이이(一而二)의 관계'라고도 한다.

적 형이상학의 핵심입니다.[33)]

서양의 형이상학이 존재의 근원을 '존재자'나 '신(神)'에게서 찾았다면, 주자는 이를 질서와 조화의 원리(理)로 보았습니다. 따라서 주자의 형이상학은 신학이 아닌, 이른바 '도덕적 우주론[Moral Cosmology]'입니다. 그에게 세계는 외재적 창조의 결과가 아닌, 도덕적 원리가 스스로 전개된 질서입니다.[34)] 인간의 마음 또한 이 '우주적 이(理)가 내재한 자리'로, 수양(修養)을 통해, '천리(天理)와 합일될 수 있는 통로'입니다.

2) 천인합일과 도덕적 우주론

주자는 '이기(理氣)'의 구조를 통해 인간과 우주를 하나의 유기적 관계로 보았습니다. 천지와 인간을 분리된 존재가 아닌, '하나의 도덕적 질서 안에서 서로 응하는

---

33) 『朱子語類』, 卷1, 「理氣上」.

34) 주자는 우주 만물의 궁극적인 근원을 '태극(太極)'이라 정의했다. 이 태극은 모든 이(理)의 총체를 가리킨다. 즉 태극은 우주의 최고 원리이며, 만물에 내재하여 존재와 변화를 가능하게 한다.(『朱子語類』, 卷1, 「理氣上」.)

존재'로 이해한 것입니다. 이것이 천인합일(天人合一) 사상입니다. '천인합일'은 하늘[天]의 이(理)와 인간의 마음[心]이 하나의 도덕적 근원을 공유한다는 뜻입니다. 즉 '하늘의 이(理)는 우주의 질서, 인간의 이(理)는 질서가 마음속에서 드러난 형태'입니다.

따라서 도덕적 행위는 단지 사회적 행위가 아닌, 우주 질서에 참여하는, 곧 도덕적 우주 참여의 실천입니다. 말하자면 인간의 본체는 하늘의 본체와 같으므로, 인간이 선(善)을 행하는 것은, '내면의 이(理)가 천지의 이(理)와 부합'하는 것입니다. 그러므로 도덕적 수양은 인간이 하늘의 이치와 하나 되려는 '존재론적 자각의 과정'입니다. 수양을 통해 본래적 자기를 회복하고 '우주적 질서 속의 일원'으로, 거듭나게 됩니다.

주자는 이런 수양의 단계를 '격물치지(格物致知)'로 설명합니다. 이는 사물의 이치를 탐구[格物]함으로써 '이(理)'를 깨닫고 앎에 이르는[致知] 것입니다. 지(知)는 단순한 지식이 아닌, '천지의 이치를 깨닫는 도덕적 인식' 입니다. 이런 앎은 곧 행위로 연결되어 '지행합일(知行合一)의 통합적 인간상'으로 이어집니다. 하지만 '주자의 형

이상학'은 인간을 우주의 중심에 두지 않습니다. 인간은 우주적 질서의 한 부분입니다.[35)]

즉 인간은 우주적 이(理)의 현현(顯現)입니다. 하늘과 인간은 분리되지 않으며, 도덕적 실천은 곧 천지의 이치를 구현하는 일입니다. 이처럼 주자학은 공맹의 윤리학을 존재론적 차원으로 승화시킵니다. 도덕은 사회적 규범을 넘어, '우주적 조화 속에서 스스로 성립하는 질서'로 확장됩니다. 즉 도덕적 행위는 '하늘의 뜻을 삶 속에 녹여내는 일'이며, 이 속에서 인간은 소우주(小宇宙)로서 자신의 존재 의미를 완성합니다.[36)]

---

35) 말하자면 인간은 이 질서에 응답함으로써 도덕적 존재가 된다. 부연하면, 이(理)는 인간 중심이 아닌 우주 전체에 보편적으로 작용하는 원리다. 따라서 이(理)는 인간뿐 아니라 천지, 산천, 초목, 금수(禽獸) 모두에 내재해 있다. 즉 인간은 우주의 '유일한 중심'이 아닌, '이(理)'를 공유하는 수많은 존재 중 하나인 것이다.

36) 부연하면, '하늘의 이(理)는 멀리 있지 않다. 이것은 내 마음속의 도덕적 울림으로 존재한다.'고 하는 것과 통한다. 그리고 이 사상은 현대 윤리학의 '내적 도덕성, 자율적 판단'의 중요성을 강조하는 근거로 인용된다.

5. 왕양명의 심학(心學)과 실천철학

1) 마음과 세계의 일체성

왕양명[37]은 주자(朱子)의 이(理) 중심적인 형이상학을 넘어, 도덕의 근원을 다시 인간의 마음[心] 속에서 찾았습니다.[38] 즉 그에게 철학은 추상적 원리의 해석이 아닌,

---

37) 왕양명(王陽明 : 1472~1529)은, 명(明)나라 철학자로, 호(號)는 양명(陽明), 자(字)는 백안(伯安)이다. 양명학 창시자로, 심학(心學)의 대성자로 꼽힌다. 양명학에서 '인간의 마음'을 파악하는 방법은 주자와 다르다. 주자는 성즉리(性卽理)가 '인간의 마음'을 성(性=理)과 정(情 : 현실의 마음 작용)으로 나누고, '정'은 '성'을 현혹시킬 가능성이 있는 것으로 봄으로써, 주자는 '성'을 실현하기 위해 '정'을 규제해야 한다고 생각했다. 이에 반해, 양명은 '인간은 이미 정(情) 안에 양지(良知)가 갖추어져 있기 때문에 자연의 심정으로 행동하면, '성'을 실현할 수 있다고 보았다. 이것이 이른바 '심즉리(心卽理)'다. 여기서 양지는『맹자』의 "깊은 궁리를 하지 않고서도 알 수 있는 것이 양지이다. 2~3세의 어린이도 부모를 사랑한다는 것을 모르는 아이는 없다."란 글에서 나온 것으로, 왕양명은 이것을 하늘[天]이자, 하늘의 이치[天理]인 동시에 마음의 본체로, 시비선악의 판단을 갖추고 있을 뿐 아니라 선천적으로 구비된 사려(思慮) 이전의 자연스러운, 즉 '양심'에 가까운 것으로 받아들이고 있다. 이는 주자의 실천론에 비하면 자유로운 해방감이 수반된다.

38) 양명학은, 주자의 형이상학이 지나치게 '이(理)' 중심으로 경직된 데 대한 철학적 전환, 즉 도덕의 근거를 마음[心]에서 찾으려는 사유의 복귀를 의미한다.

삶 속에서 '이'를 깨닫는 내적 체험의 문제입니다. 가령 주자는 '이(理)가 만물에 존재한다'고 한다면, 왕양명은 '이(理)가 다름 아닌 내 마음 안에 있다'고 응답한 것입니다. 이 선언이 이른바 '심즉리(心卽理)'로 '마음이 곧 이치'라는 사상으로 집약됩니다.

그는 인간의 마음을 단순한 감정이나 심리로 보지 않았습니다. 그에게 마음은 '인식과 존재, 윤리와 세계를 포괄하는 통합적 실체'입니다. 즉 마음은 세계를 인식하는 주체이자, 동시에 도덕적 행위를 일으키는 근원적 에너지입니다. 따라서 세계의 모든 이(理)는 외부의 사물 속에 있는 것이 아닌, 마음의 작용 속에서 드러납니다. 그의 "마음 밖에 이(理)가 없고, 마음 밖에 사물이 없다."[39]고 한 것이 잘 보여주고 있습니다.

이는 주자학의 객관주의적 경향을 넘어, '인간 중심의 주체적 도덕 우주론'을 제시한 것입니다. 이런 사유는 단순한 관념론이 아닙니다. 왕양명에게 마음은 '사유의 장소'이자 동시에 도덕적 실천의 현장입니다. 그는 '양지(良

---

39) 『傳習錄』, 卷中. : 心外無理, 心外無物.

知)'를 마음의 본래 성품이라 하며, 하늘의 '이'와 동일하다고 보았습니다. 즉 인간은 이미 선(善)을 아는 능력을 가지고 태어나며, 마음을 가리키는 '양지'가 바로 '도덕적 자각의 근원'인 것입니다.

따라서 수양은 새로운 진리를 배우는 것이 아닙니다. 이미 내 안에 있는 도덕적 지혜를 깨우는 '자각의 과정'입니다. 그는 강조합니다. "배우는 것은 앎을 더하는 것이 아닌, 내 안의 밝은 마음을 가리는 먼지를 씻어내는 일이다." 이처럼 그의 심학은 주자학의 외재적 이론을 내면화하여, '도덕의 근거를 마음속 직관적 자명성으로 회복'합니다. 그에게 철학은 앎의 이론보다는, 삶의 중심에서 깨닫는 진리체험입니다.[40]

2) 지행합일(知行合一) 사상

왕양명의 철학[41]이 단순한 심성론(心性論)에 머물지 않

40) 『傳習錄』, 卷中. : 是非之心, 不慮而知, 不學而能, 所謂良知也.

41) 여기서 유교 사상이 형이상학적 우주론에서 '실천적 인식론[Practical Epistemology]으로 전환'되는 지점이다. 즉 왕양명은 도덕의 근원을 인간의

는 이유는, 그의 사유가 '행위', 즉 실천으로 귀결되기 때문입니다. 그는 지(知)와 행(行)을 나누지 않았습니다. '지'는 곧 '행'이고, '행'은 곧 '지'입니다. 이것이 그의 핵심 개념인, 이른바 지행합일(知行合一)입니다. 왕양명은 이처럼 '참된 앎은 행위와 분리될 수 없다'고 보았습니다. 그에게 '지'는 단순 지식이 아닌, 마음의 도덕적 직관, 즉 '양지(良知)의 발현'입니다.

가령 '선(善)'을 아는 순간, 그 '앎'은 행위의 의지를 포함합니다. 따라서 선을 알면서 행하지 않으면 참된 앎이 아니며, 행위 없는 앎은 죽은 지식에 불과한 것입니다. 그는 "선을 아는 마음은 곧 선을 행하려는 마음이다. 지와 행은 본래 둘이 아니다."[42]라고 합니다. 이 사상은 동양윤리철학에서 드물게 '행위의 존재론을 제시한 실천적 인식론'입니다. 왕양명은 인간이 올바른 행위를 통해 스스로를 완성한다고 보았습니다.

마음, 즉 '양지(良知)'에서 찾으며, 이를 '지행(知行)의 일체'로 구현했다. 그의 사상은 훗날 동아시아의 '실천철학과 심성론(心性論), 근대적 인문학'에 크게 영향을 미쳤다.

42) 『傳習錄』, 卷上. : 知是行之始, 行是知之成. 知而不行, 只是未知.

말하자면 행위(行)가 없는 지식(知)은 공허하며, '행'은 곧 '지'의 완성입니다. 따라서 그의 철학에서 도덕은 이론이 아닌 '삶의 형식이자 존재의 증명'입니다. 또 그의 지행합일은 개인적 수양을 넘어 사회적 실천의 철학으로 확장됩니다. 그는 관료로서 부패한 현실 속에서도 '도덕의 실천'을 추구했습니다. 그에게 이상적 인간은 학문에 머무르지 않고, 현실 속에서 정의를 구현하는, 이른바 실천적 성인(聖人)이었습니다.

양명은 '성인은 멀리 있지 않다. 진실하게 실천하면 곧 성인'이라 했습니다. 이로써 왕양명의 심학은 공자와 맹자의 도덕철학이 인간 내면의 수양으로 시작해, 주자학에서 우주적 질서로 확장되었다가, 다시 인간의 마음으로 회귀하는, 이른바 '원환적(圓環的) 사유의 완성'을 보여줍니다. 그의 철학은 이렇습니다. '이(理)는 밖에 있지 않다. 마음이 밝아지면, 천지가 그 속에 드러난다. 마음이 세계이고, 행함이 곧 앎이다.'[43]

43) 『傳習錄』, 卷上. : 無心外之理, 無心外之物. … 行則知之功夫也.

Ⅲ. 불교사상의 전개와 핵심

1. 불교의 기원과 근본교리[44)]

1) 사성제(四聖諦)와 팔정도(八正道)[45)]

불교의 출발은 '인간의 실존적 자각'입니다. 석가모니는 태어날 때부터 왕자로 풍요와 안락 속에 살았으나,

---

44) 불교 사상의 출발을 철학적으로 정리하는 부분이다. 즉 석가모니의 사유는 단순한 종교적 교설이 아닌 '존재와 고통, 깨달음에 대한 철학적 응답'임을 보여준다.

45) 불교사상의 기원은 '실존적 자각과 존재론적 통찰의 결합'을 보여준다. 즉 사성제와 팔정도가 '삶의 문제에 대한 실천적 해답'이라면, 연기와 무아는 '존재의 구조에 대한 철학적 해명'으로, 불교 전체의 사상적 골격을 형성한다.

인생의 세 가지 불가피한 진실, 즉 노(老), 병(病), 사(死)를 마주하며 인간 존재의 한계를 깨달았습니다. 그에게 철학은 지식의 탐구가 아닌, '고통의 근원을 직시하여 이로부터 자유로워지는 것'입니다. 그가 출가 후 보리수 아래에서 얻은 깨달음은 신비적 체험이 아닌, 존재의 논리적 구조에 대한 통찰이었습니다.

이 통찰이 바로 '불교의 근본교리인 사성제(四聖諦)'입니다. 사성제는 인간 실존의 네 가지 진리, 즉 ① 고(苦) - 삶의 본질은 괴로움이며, ② 집(集) - 이 괴로움의 원인은 집착[愛]과 무명(無明)이며, ③ 멸(滅) - 집착을 버리면 괴로움은 사라지고, ④ 도(道) - 괴로움을 멸하는 방법이 바로 수행의 길인 것입니다. 이 '네 가지 진리'는 인간의 삶을 '문제-원인-치유-실천'의 구조로 정식화한 실존적 진단의 논리입니다.

석가모니는 '인간의 고통을 신(神)이나 운명' 탓으로 돌리지 않습니다. 그는 이것을 '인간 자신의 무지(無知)와 집착에서 비롯된 것'으로 보았습니다. 따라서 인간 자신이 깨달음을 통해 극복할 수 있다고 본 것입니다. 때문에 불교를 '자각의 철학'으로 칭하는 이유입니다. 여기서 사성제(四聖諦)의 마지막인 도(道)는 구체적 방법, 즉 '실천하는 것으로 팔정도(八正道)'가 제시됩니다. '팔정도는 곧 올바른 길'을 의미합니다.[46]

이 여덟 가지는 자신의 삶을 '깨달음의 방향으로 정렬시키는 구체적 수행의 단계'입니다. 가령 '정견'은 올바로 보는 것, '정사유'는 바른 생각, '정어 · 정업 · 정명'은 행위를 바르게 하는 것, '정정진 · 정념 · 정정'은 마음을 집중하고 자각을 유지하는 과정입니다. 이처럼 팔정도는 '삶 전체를 깨어 있는 존재로 전환시키는, 즉 윤리적 · 실천적 훈련 체계'입니다. 결국 '사성제와 팔정도'는 불교의 이론과 실천을 아우르는 구조입니다.[47]

---

46) 팔정도(八正道)의 순서와 구체적인 의미는 이렇다. ① 정견(正見 : 사성제[苦 · 集 · 滅 · 道]와 연기법을 바르게 아는 지혜), ② 정사유(正思惟 : 올바른 생각과 마음가짐으로 정견을 실천하겠다는 각오), ③ 정어(正語 : 거짓말, 이간질, 속이는 말을 하지 않고 유익한 말을 하는 것), ④ 정업(正業 : 살생, 도둑질, 부도덕한 행동을 삼가고, 선행을 실천하는 것), ⑤ 정명(正命 : 불교의 가르침에 위배되지 않는 정당한 방법으로 생계를 꾸리는 것), ⑥ 정정진(正精進 : 악을 소멸하고 선을 증대시키는 것), ⑦ 정념(正念 : 바른 의식을 가지고 이상과 목적을 잊지 않는 마음), ⑧ 정정(正定 : 선정[삼매]으로, 마음을 한곳에 집중하는 것)으로 구성된다.

47) 여기서 '괴로움은 필연이 아니며, 올바른 통찰과 실천을 통해 극복할 수 있다'는 것이 핵심이다. 이 사유는 신앙이 아닌 '인간의 자각과 행위에 근거한 철학'임을 알 수 있다.

2) 연기(緣起)와 무아(無我)의 사유

석가모니 '깨달음의 본질'을 한 문장으로 요약하면, '이것이 있기에 저것이 있고, 이것이 없기에 저것이 없다.'[48)]라는 것으로 볼 수 있습니다. 이것이 바로 불교 존재론의 핵심인 '연기(緣起)'[49)]입니다. 연기는 모든 존재가 독립적으로 존재하지 않고, 서로 의존하여 생멸(生滅)한다는 진리를 의미합니다. 즉 어떤 것도 고정된 실체로 존재할 수 없으며, 모든 것은 끊임없는 '인연(因緣)과 조건의 결합'으로 이뤄져 있습니다.

이 사상은 서양의 실체론과 정면으로 대비됩니다. 서

---

48) 여기서 '공간과 시간적 연관성이 존재'함을 볼 수 있다. 가령 '이것이 있으므로 저것이 있다'는 것은 존재와 상황이 서로 공간적으로 연결되어 있음을 뜻하고, '이것이 생하므로 저것이 생한다'는 것은 시간적으로 서로 의존함을 의미한다.

49) 연기[Pratītyasamutpāda]는, '이것이 있으므로 저것이 있고, 이것이 생하므로 저것이 생한다. 이것이 없으므로 저것이 없고, 이것이 멸하므로 저것이 멸한다'는 불교의 핵심 사상으로, 모든 존재와 현상이 상호 의존하며 독립적으로 존재하지 않는다는 원리를 설명한다.

양 형이상학이 존재를 고정된 본질로 이해[50]한다면, 불교는 존재를 '관계적·과정적·상호의존적 실재'로 본다는 사실입니다. 즉 세계는 독립된 개체들의 합이 아닌, 끊임없이 '서로를 생성하는 관계의 망'입니다. 이 관계적 존재론은 인간의 자아 개념에도 동일하게 적용됩니다. 여기서 불교의 두 번째 근본 사유, 즉 무아(無我)는 바로 이 연기 논리에서 비롯되는 것입니다.

모든 것이 인연으로 생하고 사라진다면, 고정된 자아(自我)는 존재할 수 없습니다. 가령 인간이 '나'라고 부르는 것은, 육체·감각·의식 등의 다섯 요소[五蘊]로 이뤄진 일시적 결합물에 대한 호칭일 뿐, 이 자체로 항구적인 실체는 아닙니다. 즉 '나'는 고정된 존재가 아닌, 끊임없이 변하는 인연의 흐름 속에 있는 '과정적 존재'입니다. 이 무아의 통찰은 인간의 자유를 부정하는 것이 아닌 오

50) 서양 형이상학이 '존재를 고정된 본질'로 이해하는 전통은, 아리스토텔레스의 실체 개념에서 비롯된다. 즉 그들은 '있음[Being]'을 긍정과 동일시하며, 존재를 고정된 본질로 규정하는 경향이 뚜렷했다. 하지만 실존주의 철학자인 하이데거 등은 존재를 고정된 본질로만 보지 않고, 인간의 삶과 경험 속에서 다양하게 드러나는 것으로 해석한다. 즉 '서양 형이상학'은 오랜 기간 존재를 고정된 본질로 이해했으나, 현대에는 한계에 대한 비판과 새로운 해석이 활발히 제기되고 있다.

히려 '해탈의 가능성'을 엽니다.

'나'라는 고정된 실체가 없기에, 스스로를 바꾸고 괴로움의 원인을 끊을 수 있습니다. 따라서 무아(無我)는 '변화와 해방의 철학'입니다. '나'를 절대화하지 않기에, 타자와의 관계 또한 열리며, 모든 존재는 서로를 조건 짓는 연기 속에서 '존재의 평등성'을 갖습니다. 연기와 무아의 사유는 곧 '윤리적·존재론적 혁명'입니다. 이는 자아 개념을 해체하고 모든 생명과 존재를 하나의 관계망 속에서 이해하는 사유로 이끕니다.[51)]

---

51) 이처럼 불교는 '존재의 상호연결성을 자각하는 철학'이다. 즉 모든 것은 인연으로 생하고 인연으로 사라진다. 이를 통찰할 수 있어야 집착은 사라지고, 마음은 자유로워질 수 있다.

2. 대승불교의 전개와 사상적 혁신

1) 공(空)과 자비(慈悲)의 재해석

주지하듯 대승불교[52]는 불교사상의 새로운 지평을 열었습니다. 이는 단순히 교단의 분열이 아닌, '불교의 철학적 심화와 윤리적 확장'입니다. 초기불교가 개인적 해탈과 실존적 자각을 중심에 두었다면, 대승불교는 모든 중생의 구제(救濟)를 향한 이른바 '보편적 구제 철학'으로 나아갔습니다. 이 전환의 중심엔 두 개의 핵심 개념인 '공(空)과 자비(慈悲)'가 자리합니다. 여기서 '공(空)'은 대승불교의 존재론적 심장입니다.

말하자면 석가모니의 '연기(緣起)' 사상을 한 단계 더 밀고 나가, 모든 존재는 실체가 없고 본질적으로 비어 있다는 통찰입니다. 따라서 '공(空)'은 단순 허무가 아닙니다. '공'은 고정된 자아나 실체가 없기에, 모든 것이 서

---

52) 대승불교(大乘佛敎)가 중생(衆生)의 구제와 보살행[중생을 위해 헌신하는 길]을 강조한다면, 소승불교(小乘佛敎)는 개인의 깨달음과 해탈에 집중하는 특징이 있다.

로 의존하는 관계, 곧 '존재가 열려있는 철학'입니다. 즉 '비어 있음'은 '없음'이 아닌, 모든 존재가 서로 조건에 따르는 '관계적 가능성'을 뜻합니다. 그래서 '공'은 부정이 아닌 생성의 다른 이름입니다.

때문에 존재의 공성(空性)[53]을 깨닫는 순간, 인간은 자신과 타자의 경계를 넘어섭니다. '나'라는 집착이 사라질 때, 타자의 고통은 곧 나의 고통이 됩니다. 이 깨달음에서 흘러나오는 것이 바로 '자비(慈悲)'입니다. 자비는 연민이 아닌, '존재의 일체성에서 비롯된 실천적 사랑'입니다. 대승의 보살은, 자비 실천을 통해 깨달음을 완성합니다. 이는 스스로 열반에 머물지 않고, '모든 중생이 해탈'할 때까지 세상과 함께합니다.

이것이 보살행(菩薩行)의 정신입니다. 따라서 '대승불교의 자비(慈悲)'는 단순한 감정이 아닌, '존재론적 통찰이, 윤리적 실천으로 변환된 형태'라 합니다. 즉 '공'이 존재의 진리를 드러낸다면, '자비'는 이 진리의 삶 속 실현

---

53) 공성(空性)은, '모든 존재는 본질적으로 비어 있다'는 의미를 지니며, 특히 중관사상(中觀思想)에서 중요하게 다룬다. '공성'은 '있는 그대로 이해하고, 집착을 내려놓는 데 중요한 역할'을 한다.

입니다. 이 두 사유는 서로 떠날 수 없습니다. '공' 없는 '자비'는 감정에 머물고, '자비' 없는 '공'은 공허에 빠집니다. 대승불교의 혁신은 둘을 합쳐 깨달음과 구제의 일체성을 확립한 데 있습니다.

2) 반야사상과 중관사상, 유식사상[54)]

대승불교의 '사상적 혁신'은 다양한 철학 체계로 전개되었습니다. 이 가운데 핵심은 '반야사상과 중관사상, 유식사상'으로 이어지는 세 흐름입니다. 이 세 개의 사상은 서로 다른 언어로 표현되었지만, 모두 '공(空)'의 통찰을 중심에 두고, 인간 인식과 존재의 관계를 새롭게 해석했습니다. 여기서 반야사상(般若思想)은 지혜(智慧)의 철학입니다. 즉 반야(般若 : Prajnā)란 모든 현상이 공(空)임을 꿰뚫어보는 지혜를 뜻합니다.

가령 『반야심경(般若心經)』의 '색즉시공, 공즉시색(色卽

54) 불교 사상의 핵심 구조, 즉 '무상(無常)에서 공(空), 공에서 자비'로 이어지는 사유의 진화를 볼 수 있다. 이는 초기불교의 실존철학이 대승불교에서 보편적 존재론과 윤리학으로 승화되고 있다.

是空, 空卽是色)'은 이 사상의 정수(精髓)를 드러냅니다. 말하자면 형상[色]과 공(空)은 서로 다른 것이 아닌, 존재의 두 측면인 것입니다. 이는 실체론적 사고를 넘어, '존재와 비존재, 현상과 본질의 이분법을 초월한 변증법적 사유'입니다. 따라서 반야의 지혜는 단순한 앎이 아닌 깨달음이며, 인간의 인식이 세계와 분리되지 않는다는 '통합적 인식론'임을 보여줍니다.

그리고 중관사상(中觀思想)은 용수(龍樹 : Nāgārjuna)에 의해 체계화됩니다. 그는 반야의 지혜를 논리적으로 전개[55]했습니다. 그의 『중론(中論)』에서 말하는 '연기즉공(緣起卽空)'은 모든 존재가 인연으로 생기므로 자성(自性)이 없다는 뜻입니다. 용수는 실재와 비실재, 존재와 비존재 어느 쪽에도 치우치지 않는 중도(中道)의 입장을 취합니다. 따라서 그는 "공(空)을 이해하는 사람이라야 연기를 이해한다."[56]고 강조합니다.

---

55) 용수(龍樹)는 모든 개념적 집착을 해체하는, 이른바 '공(空)의 철학'을 전개했다.

56) 용수[Nāgārjuna]의 철학은 '무(無)'의 극단이 아닌, '언어와 개념의 한계를 넘어 존재의 실상을 보는 지혜의 철학'이다.

다음으로 유식사상(唯識思想)[57]은 중관(中觀)의 '공(空)'을 인간 인식의 차원에서 심화시킨 사상입니다. 세친(世親)과 무착(無着)이 주창한 이 사상은, '모든 것은 오직 식[唯識]'이라 주장합니다. 즉 세계는 외부에 독립적으로 존재하는 실체가 아닌, 인식 주체의 마음이 만들어내는 현상입니다. 하지만 이는 단순한 주관주의가 아닙니다. 유식사상은 '인식의 작용과 업(業)의 축적이 현실을 구성한다'는 인식론적 불교입니다.[58]

---

57) 유식사상(唯識思想)은 세친(世親 : Vasubandhu)과 무착(無着 : Asaṅga)이 주창한 사상이다.

58) 여기서 '수행'은, 단지 사유의 훈련이 아닌, '마음의 변화를 통해 세계를 변화시키는 과정'이다. 가령 반야사상이 '지혜의 깨달음'을, 중관사상이 '존재의 비집착'을, 유식사상이 '마음의 변화를 통한 구제'를 강조했다면, 이 세 흐름은 모두 '공(空)의 통찰'을 각기 다른 방식으로 실현한 사유라 할 수 있다. 이들의 공통된 목표는 '언어나 개념, 자아의 한계를 넘어 직접적 깨달음의 경지에 이르는 것'이다. 결국 대승불교의 철학적 혁신은 '개인의 해탈에서 보편적 구제, 존재의 분석에서 관계의 통찰'로 나아간 사유의 확장 운동이다. 결과적으로 '불교는 더 이상 폐쇄된 수행의 종교'가 아닌, '존재와 윤리, 인식과 실천이 통합된 우주적 인문학'으로 발전한 것이다.

3. 동아시아 불교의 변용과 수용[59)]

1) 선종(禪宗)과 직관적 깨달음

인도의 불교는 중국에 전래되면서, 곧 '중국 고유의 전통사상[유교와 도교]과 사유 방식에 부응'합니다. 즉 중국적인 언어와 사고 체계를 통해 교의(敎義)를 표현하는 창의적인 혁신을 한 것입니다. 예컨대 '선(禪)'은 기존의 중국 전통사상과 다르며, 인도의 불교사상과도 확실히 다른 이른바 '중국화 된 불교사상'[60)]으로 변용(變容)되었습니다. 주지하듯 선종(禪宗)은 '불립문자(不立文字)와 교외별전(敎外別傳)'을 표방합니다.

---

59) 불교가 동아시아에 이르러 '철학적 사유의 불교'에서 '삶의 철학으로의 불교'로 변모하는 과정을 보여준다. 즉 인도에서 태어난 깨달음의 철학이 중국에선 직관과 예술로, 한국에선 '통합과 실천의 인문학'으로 전개된 흐름을 보여준다.

60) 이른바 '격의불교(格義佛敎)'라 할 수 있는데, 이는 불교의 중국 전래 초기인 위진시대(魏晋時代 : 220~420)에 나타났던 불교 교리 이해 방법 혹은 불교 연구 방법을 말한다. 특히 한문으로 번역된 불교 경전에 기술되어 있는 사상이나 교리를, 노장사상(老莊思想)이나 유교사상(儒敎思想) 등 중국의 전통사상 개념을 적용하여, 비교하고 유추함으로써 이해하려는 방법을 가리킨다.

말하자면 문자와 언어에 의존하지 않고, 직접 마음을 비추어 스스로 깨닫는 길을 강조합니다. 이는 곧 '직지인심(直指人心)과 견성성불(見性成佛)'[61]이란 종지를 추가하여 불교의 핵심을 요약합니다. 이것은 인식의 논리보다 '존재의 즉각적 자각', 곧 '지금 여기에서의 깨달음'을 중시하는 사상입니다. 선(禪)은 '연기(緣起)와 공(空)'의 사유를 철저히 내면화[62] 한 것인데, 이것을 '언어 이전의 체험적 진리'로 끌어올린 것입니다.

보리달마(菩提達磨)[63]는 '마음 이외에 따로 부처가 없다'고 했고, 육조 혜능(慧能)[64]은 '본래 아무것도 없다'는

61) '직지인심(直指人心)과 견성성불(見性成佛)'은, 선종(禪宗)에서 깨달음을 이루는 핵심 사상으로, 문자나 경전에 의존하지 않고 자기 마음의 본성을 직접 깨달아 부처가 된다는 의미다.

62) 여기서 '내면화'란, '연기(緣起)와 공(空)'의 사유를 머리로만 이해하는 것이 아닌, 실천을 통해 자신의 삶으로 받아들이는 과정이다.

63) 보리달마(菩提達磨)는, 남인도 출신의 타밀인 승려로, 선종(禪宗)의 창시자인 동시에 초대 조사(祖師)이자, 인도 불교의 제28대 조사이다. 160세까지 살았다는 전설이 있으나, 자세한 생몰년에 대한 기록은 없다. 전설에 나오는 생애를 보면, 470년 무렵 남중국에 와서 선종을 포교했다. 불심(佛心)이 깊던 양무제(梁武帝)와 선문답(禪問答)을 주고받았다는 설도 있으며, 소림사(少林寺)에서 좌선수행(坐禪修行)에 정진하고, 그 선법(禪法)을 혜가(慧可) 등에게 전수했다.

64) 혜능(慧能 : 638~713)은, 당나라 시대의 선승으로, 선종(禪宗)에 큰 영향을 미친 인물이다. 선종의 제6조이자, 남종선(南宗禪) 시조다. 스승은 제5조 홍인

말을 남겼습니다. 이들에게 깨달음은 수행의 결과보단 이른바 '순간의 무심(無心) 속에서 드러나는 본래의 자각'입니다. 이런 선사상은 중국의 노장사상(老莊思想)과 결합하면서 '자연과 인간의 일체성, 삶과 깨달음의 일상화'란 새로운 불교를 탄생시켰습니다. 선종의 수행은 형식보다 실존적 자각을 중시합니다.

여기서 좌선(坐禪)[65]은 단지 수행의 자세가 아닌, '앉아 있음 자체가 깨어 있음'이란 실존의 표현입니다. '선'은 철학적 사유(思惟)의 정점을 넘어 '존재의 체험철학(體驗哲學)'으로 나아갑니다. 이는 언어의 한계를 넘어서려는 것이며, 깨달음을 사유하지 않고 '살아내는 것'으로 이해합니다. 이 점에서 '선'은 불교의 철학이 인간의 실존으로 환원된 형태이며, 이 안에서 인간은 사유가 아닌 침묵 속에서 진리와 마주합니다.[66]

(弘忍)으로, 북종선의 시조인 신수(神秀 : 북종선 제6대 조사)와 같은 스승 아래서 공부했다. 그의 유명한 게송을 보면 이렇다. "보리는 본래 나무가 아니며[菩提本無樹], 맑은 거울 또한 본래 없네[明鏡亦非臺]. 본래 한 물건도 없는데[本來無一物], 어디에 먼지가 묻겠는가[何處惹塵埃]."

65) 좌선(坐禪)은, '밖으로 모든 경계 위에 생각이 일어나지 않는 것을 좌(坐)'라 하고, '안으로 본래 성품을 보아 어지럽지 않은 것을 선(禪)'이라 한다.

66) 선(禪)의 세계에선 일상 속 모든 행위, 가령 나무를 하거나 밥을 짓는 것,

2) 한국 불교의 사상적 특색

불교가 한반도에 전래[67]된 것은 4세기 무렵, 삼국시대 초기에 해당합니다. 하지만 한국 불교는 '유교와 도교, 토착신앙이 서로 얽히며 재해석된 사상'으로 발전합니다. 따라서 중심엔 늘 '화합과 통합'이 자리했습니다. 한국 불교의 사상적 특징은 세 가지로 요약됩니다. 첫째, '교(敎)와 선(禪)의 조화'입니다. 중국에선 교리불교와 선불교가 종종 대립했으나, 한국에선 이 둘을 분리하지 않고 상호보완적으로 이해했습니다.

원효[68]는 '일심사상(一心思想)', 즉 '화쟁사상(和諍思想)'

물을 긷는 행위 등이 모두 깨달음의 표현이다. 이는 '삶이 곧 선(禪)'이란 존재의 예술이며, 불교가 철학을 넘어 삶의 방식으로 자리 잡는 지점이다.

67) 고구려는 372년 전진(前秦)의 승려 순도를 통해 공식적으로 불교가 유입되었고, 왕권 강화와 국가 통합의 도구로 활용했다. 백제는 384년 동진(東晋)에서 온 마라난타 승려를 통해 불교가 유입되었으며, 문화 외교와 일본에 불교를 전파하는 가교 역할을 했다. 신라는 6세기 초까지 불교 공인이 늦었으나 이후 왕실과 민심을 결집하는 데 불교가 중요한 역할을 했다.

68) 원효(元曉 : 617~686)는, 신라의 승려로, 속성은 설(薛)이다. 신라 십성(十聖)의 한 사람으로 꼽히며, 해동종(海東宗)을 제창하여 불교의 대중화에 힘썼으

을 통해 모든 교리가 결국 '하나의 마음으로 귀결된다'고 보았습니다. 이와 같은 사상적 대립은 '통합적 진리로 이끄는 한국적 사유(思惟)의 상징'이었습니다. 원효에게 있어 모든 분별은 '하나의 마음에서 비롯되며, 이 마음은 곧 부처의 자리'입니다. 둘째, '이론과 실천의 일체성'입니다. 한국의 불교는 교학(教學) 연구뿐만이 아닌 수행과 실천을 매우 중시했습니다.

예컨대 의상(義湘)[69]은 화엄사상을 바탕으로 인드라망[70]의 상호연결적 세계관을 전개했습니다. 그는 모든 존재가 서로를 비추고 포함하는 원융무애(圓融無礙)를 노

며, 불교 사상의 융합과 실천에 전력을 다했다. 저서로 『금강삼매경론소(金剛三昧經論疏)』, 『십문화쟁론(十門和諍論)』, 『화엄경소(華嚴經疏)』 등이 있다.

69) 의상(義湘 : 625~702)은, 신라의 승려로, 화엄종(華嚴宗) 개조다. 당나라로 유학하여 화엄종의 제2조인 지엄(智儼)으로부터 9년간 화엄을 수학했다. 신라로 돌아와 낙산사의 관음굴에서 관세음보살께 기도를 했는데, 이때 발원문인 『백화도량발원문(白花道場發願文)』은 관음신앙을 알게 해주는 261자의 간결한 명문이다. 부석사(浮石寺)를 비롯한 전국에 화엄십찰(華嚴十刹)을 세웠고, 화엄경을 강론하며 3000여명의 제자를 길러냈다.

70) 인드라망(因陀羅網)은, 불교 철학에서 '공(空)과 연기(緣起), 상호침투(相互浸透 : 끊임없는 상호작용)' 개념을 설명하는 데 사용되는 은유이다. 인드라망에 대한 최초의 언급은 아타르바베다(Atharvaveda)에서 찾을 수 있다. 3세기 대승불교의 화엄경에 의해 발전했고, 이후 6세기에서 8세기 사이에 화엄종에 의해 발전을 거듭했다.

래했습니다. 이는 단순한 철학적 이론이 아닌, 공동체적 삶과 수행 속에서 실현되어야 할 깨달음의 이상입니다. 셋째, '실천적 민중불교의 전통'입니다. 고려와 조선시대를 거치며 한국불교는 귀족적 교단을 넘어, 민중의 삶 속에서 '불교 정신을 구현'했습니다.

또 지눌(知訥)은 '정혜쌍수(定慧雙修)와 돈오점수(頓悟漸修)'를 제창하며 선과 교, 깨달음과 수행의 통합을 추구했습니다. 그에게 깨달음은 일상의 삶과 분리되지 않았고, 수행은 마음의 평정과 사회적 책임을 함께 요하는 일이었습니다. 조선후기엔 억불정책 속에서도[71] 유교적 도덕정신과 대화를 통해 '생활 속의 불교'로 재해석되었습니다. 이처럼 한국불교는 늘 사상과 실천이 공존하는 종합적 인문정신으로 전개됐습니다.[72]

---

71) 이 시기 승려들은 명상(冥想)과 선(禪)뿐 아니라, 의술과 교육, 사회구호 등 실질적 영역에서 활동했다.

72) 이런 전통은 오늘날까지 이어졌다. 따라서 한국불교는 교학적 심화, 수행의 체계화, 사회적 실천의 조화를 이룬 이른바 '전인적 불교'의 모델로 평가된다. 이 중심엔 늘 '인간의 마음과 사회 그리고 우주의 조화'를 추구하는 '하나의 마음[一心] 철학'이 흐르고 있다.

4. 선사상(禪思想)과 실존적 자각[73)]

1) 돈오(頓悟)와 수행의 역설[74)]

선(禪)은 불교의 사상적 정점이자, 수행의 철학적 완성입니다. 이는 교리나 문헌에 의존하지 않고, '직접적 자각[直覺]으로 진리를 깨닫는 사유의 형식'입니다. '선'은 '앎'과 '생각' 너머에서 '존재를 마주하는 정신적 자유'입니다. '선'의 핵심은 돈오(頓悟), 즉 '순간의 깨달음'입니다. 돈오는 서서히 쌓이는 지식이나 수행의 결과가 아닌, 모든 분별과 언어가 끊어진 자리에서 순간적으로 일어나는, '존재의 자각'입니다.

이 순간, 인간은 '자신과 세계, 주체와 객체의 구분이

---

73) 대승불교의 사유가 지(智)의 철학에서 실존의 체험으로 이동하는 전환점을 다룬다. 즉 깨달음[悟]은 지식의 결과가 아닌 존재의 자각이며, 수행은 목표가 아닌 깨달음 자체의 드러남이다. 이는 불교 사상사에서 매우 심오하고 역설적인 사유를 탐구하는 부분이다.

74) 사유(思惟)의 철학에서 '존재의 체험', 교리에서 '삶의 깨달음'으로의 전환을 보여준다. '돈오(頓悟)와 수행(修行), 무문(無門)과 귀원(歸元)'은 결국 한 가지를 말하는 것이다.

사라진 무심(無心)의 경지'에 이릅니다. 이곳에서의 깨달음은 '이루어지는 것'이 아닌, '항상 거기 있었음을 알아차리는 일'입니다. 이 점에서 '선(禪)'의 수행론은 깊은 역설을 품습니다. 깨달음은 수행을 통해 이루어지지만, 이 깨달음의 순간에는 수행의 목적이 사라집니다. 수행은 깨달음에 이르기 위한 수단이지만, 깨달음의 본질은 '도달'이 아닌 항상성[常在]입니다.

말하자면 수행은 깨달음을 가능하게 하지만, 참된 깨달음은 '더 이상 수행할 것이 없음'을 아는 데 있습니다. 이것이 '수행의 역설'입니다. 혜능(慧能)은 『육조단경(六祖壇經)』에서 "본래 한 물건도 없다. 어디에 먼지가 묻겠는가."라고 했습니다. 즉 깨달음은 새로운 상태의 획득이 아닌 '본래의 마음을 되찾는 일'임을 가리킵니다. 따라서 수행이란, 무언가를 더하는 과정이 아닌, '쌓여 있던 분별을 비워내는 과정'입니다.

'선'의 궁극은 행위가 아닌 존재의 투명성, 즉 '있는 그대로 있음'의 자각입니다. 이런 돈오의 사상은 시간적이고 점진적인 수행관을 지양하고, 인간의 본성은 이미 깨달음 자체임을 강조합니다. 이 때문에 '선'은 종교라기보다 존재론적 실존철학으로 불립니다. '선'에선 "부처를 찾지 말라. 부처를 찾는 마음이 바로 부처다."라고 합니다. 이런 역설 속에서 '선'은 우리에게 묻습니다. "그대는 지금 바로 여기서 깨어 있는가."[75)]

2) 무문관(無門關)과 십우도(十牛圖) 의미

선(禪)의 세계에서 '깨달음'은 철학적 개념만이 아닌 '삶과 수행의 상징적 여정'으로도 표현합니다. 여기 대표적인 두 상징이 있습니다. 바로 『무문관(無門關)』과 『십우도(十牛圖)』입니다. 이 두 작품은 선사상의 핵심구조인 '문 없는[無門] 문과 돌아오는 길[歸元]'을 보여줍니다. 『무문관』은 송대(宋代)의 선사 무문혜개(無門慧開)[76)]가 엮은 선문답집입니다. '무문(無門)'은 말 그대로 '깨달음에 이르는 문이 없음'을 뜻합니다.

---

75) 이 질문이 바로 깨달음의 문이다.

76) 무문혜개(無門慧開 : 1183~1260)는, 남송시대 승려로, 총48개의 에피소드로 구성되어 있는 『무문관(無門關)』, 즉 선종(禪宗)의 스승들이 남긴 공안[화두]집을 남겼다. 여기서 각각의 에피소드는 논리론 이해하기 힘든 내용으로, 오로지 직관을 통해 뜻을 알아차려야 한다.

하지만 역설적으로, 바로 이 '문 없음'이 깨달음의 문입니다. 『무문관』의 공안(公案)들은 언어적 이해를 거부합니다. 이성으로 풀 수 없는 질문들, 가령 "부처의 본래 얼굴은 무엇인가." "한 손의 소리는 어떤가."를 던집니다. 이는 논리로 답할 수 없습니다. 사유가 멈추는 순간, 마음은 문득 '무문'의 세계로 들어갑니다. 따라서 깨달음은 이론이 아닌 '존재의 체험'으로 일어납니다. 이처럼 무문관은 '이해를 부정'합니다.

『십우도(十牛圖)』[77]는 깨달음의 과정을 상징적으로 그린 열 폭의 그림입니다. '소[牛]'는 인간의 마음을, '목동'은 수행자를 상징합니다. 여기서 '심우(尋牛)'는 소를 찾

---

77) 심우도(尋牛圖)라고도 한다. 송나라 때 곽암(廓庵)선사가 창설했다고 하며, 청거(淸居)선사가 처음 그렸다는 설도 있으나 명확하지 않다. 보통 곽암이 자서(自序)와 게송(偈頌)을 지어 선(禪)을 닦아 마음을 수련하는 순서를 표시한 것이다. 우리나라엔 곽암본과 보명(普明)본이 전해져 왔으며, 이 두 가지가 조선시대까지 함께 그려졌다. 곽암본은 처음부터 마지막 단계까지 원상(圓相) 안에 그림을 그리지만, 보명본은 마지막 그림에서만 원상을 그린다. 곽암본을 기준으로 십우는 '심우(尋牛), 견적(見跡), 견우(見牛), 득우(得牛), 목우(牧牛), 기우귀가(騎牛歸家), 망우존인(忘牛存人), 인우구망(人牛俱忘), 반본환원(返本還源), 입전수수(入廛垂手)'로 이뤄져 있다. 우리의 본래면목을 소에 비유하여, 소를 찾고 얻는 순서와 이미 얻은 뒤에 주의할 점을 설명한다.

는 장면으로, 진리를 찾아 방황하는 인간을 뜻합니다. '견우(見牛)'는 진리의 단서를 발견하는 순간이며, '득우(得牛)'는 마음을 붙잡는 단계입니다. 이후 '기우귀가(騎牛歸家)'를 지나, '입전수수(入廛垂手)'에 이르면 수행자는 '아무 일 없는 듯' 살아갑니다.[78)]

말하자면 '깨달음'은 세상을 완전히 떠나는 것이 아닌, '세상 속으로 다시 들어가는 귀원(歸元)의 철학'입니다. 십우도의 여정은 인간 존재의 내적 순환을 보여줍니다. 진리를 찾아 떠나고, 진리를 붙잡고, 진리를 놓고, 결국 진리와 하나 되는 길입니다. 이것은 불교적 수행을 넘어, 모든 인간의 실존적 자각의 상징입니다. 『무문관』이 깨달음의 순간적 역설을 보여준다면, 『십우도』는 '깨달음의 과정과 귀원'을 보여줍니다.[79)]

---

78) 『금강경(金剛經)』엔 "한때 부처는 사위국의 기수급고독원에서 큰 비구 1250명과 함께 있었다. 이때 식사 시간이 되면 가사를 두르고 발우를 들어 사위성 안으로 들어가 걸식(乞食)을 했다. 성안에선 한집한집 차례로 걸식을 하고, 본래의 곳으로 돌아왔다. 식사를 마치고 의발(衣鉢)을 수습한 후, 발을 씻고 자리를 펴고 앉았다."는 내용이 나온다. 부처의 삶은 이처럼 평범하다. 때 되면 걸식하고, 때 되면 돌아오고, 때 되면 자리를 펴는, 즉 일상 속에서 불법(佛法)을 편 것이다.

79) 『무문관(無門關)』이나 『십우도(十牛圖)』는, 둘 다 자기 자신과 세계를 새롭게 만나는, 이른바 '존재를 자각하는 도상(圖像)'이라 할 수 있다. '선'의 세계에

5. 화엄사상과 원융무애의 세계[80)]

1) 인드라망(因陀羅網) 사유

'화엄사상(華嚴思想)'은 대승불교의 철학적 완성으로 불립니다. 이것은 단순한 교리체계가 아닌, 우주의 본질을 '관계와 상호의존의 조화(造化)'로 파악한, 이른바 '존재론적 시학(詩學)'입니다. 『화엄경(華嚴經)』은 부처의 깨달음을 전체적이고 우주적 차원으로 확장하며, 이 세계를 인드라망(因陀羅網)의 비유로 설명합니다. 인드라망이란, 인드라신(因陀羅神)이 거느린 '궁전의 그물에 달린 수많은 보주(寶珠)'를 가리킵니다.

이 보주들은 각각 빛을 내면서 결국 우주의 모든 구

서 깨달음은 결코 멀리 있지 않다. 이것은 항상 '지금 바로 여기'에 있다. '문 없는 문을 통과한 이의 고요한 미소'와 '길이 없다는 것을 깨닫는 순간, 모든 길이 발아래에서 열린다.'는 말이 모두 통한다.

80) 불교 사상이 대승(大乘)의 '공(空)'과 '자비(慈悲)'를 거쳐 '관계적 전체성'이란 궁극의 철학으로 도달하는 지점을 보여준다. 즉 '존재의 공(空)'을 '무(無)'로서가 아닌, '모든 것의 상호포섭으로서의 충만'으로 재해석한, 곧 '불교적 존재론의 절정'이라 할 수 있다.

슬은 서로를 비칩니다. 그리고 이 비친 모든 구슬 속에는 또 다른 모든 구슬이 있습니다. 이 무한한 반사와 상호투영의 구조가 바로 화엄적 우주관의 핵심, 즉 '일즉다(一卽多), 다즉일(多卽一)'의 사유입니다. 이 비유는 상징이 아닌, 불교의 연기(緣起) 사상을 극한까지 밀어붙인 철학적 도식입니다. 모든 존재는 서로 조건 지을 뿐 아니라 서로의 존재 안에 내재합니다.

따라서 어느 하나의 존재도 독립적으로 존재하지 않으며, 모든 존재가 서로를 통해 존재합니다. 즉 한 존재의 변화가 전체의 변화를 낳고, 한 마음의 깨달음이 우주의 진동과 통하는 것입니다. 따라서 화엄의 인드라망은 존재를 분리된 개체로 보지 않고, 무한히 얽힌 관계망 속의 '상호비춤[相卽相入]'으로 봅니다. 이는 '전체와 부분의 상호포섭적 구조'[81]로, '시스템 사유나 생태철학'

---

81) '전체와 부분의 상호포섭적 구조'란, 부분이 전체에 속하면서도 전체가 부분의 의미를 완성하는, 즉 '상호 의존적이고 유기적인 관계'를 의미한다. 3개의 관점이 존재한다. 첫째, 홀론(Holon)이다. 이는 전체와 부분이 동시에 존재하는 구조로, 각 구성 요소가 독립성과 전체의 일부라는 이중적 역할을 한다. 생물과 사회, 조직 등 다양한 시스템에서 복잡성을 설명하는 데 활용된다. 둘째, 체계이론이다. 전체는 단순한 부분의 합이 아닌, 부분들 간의 상호작용과 관계에 의해 형성된다. 이 관계망 자체가 시스템의 본질로 간주된다. 셋째, 상호포

보다 훨씬 앞서 제시된 이론입니다.

이리하여 화엄의 세계에선 모든 존재가 부처의 지혜를 내재적으로 품고 있으며, 한 존재의 완성은 전체의 조화 속에서만 가능합니다. 이런 사유는 우주의 궁극적 실상인 법계(法界)를 '원융무애(圓融無礙)'로 규정합니다. 여기서 '원융'은 '둥글고 막힘이 없음'을, '무애'는 '서로 걸림이 없음'을 뜻합니다. 즉 '존재의 다양성이 충돌 없이 상호 침투하고 통합되는 세계'입니다. 이것이 화엄이 제시하는 '깨달음의 우주'입니다.

2) 상호연결적 존재론

화엄사상은 대승불교의 '공(空)'을 계승하면서도 공(空)을 단순히 '비어 있음'이 아닌 '무한한 관계적 충만'으로 재해석합니다. '공'은 '모든 존재가 자성을 지니지

섭이다. 부분과 전체는 수직적[상하] 또는 수평적으로 포섭되며, 각 요소가 전체 내에서 고유한 역할을 하면서도 전체의 목적을 위해 협력한다. 이 구조는 조직이나 생태계, 사회 등 복잡한 현상을 이해하는 데 필수적이며, 현대 철학과 과학에서 핵심적인 개념으로 자리 잡고 있다.

않는다'는 뜻이지만, 화엄에선 이 무자성(無自性)이 오히려 '서로가 서로를 존재하게 하는 상호의존적 구조'로 확장됩니다. 즉 화엄의 세계는 '공(空)의 존재론'을 넘어, '관계의 존재론'으로 전환됩니다. 『화엄경』에선 이것을 '일즉일체, 일체즉일'[82]로 표현합니다.

즉 하나는 전체를 품고, 전체는 하나 속에 드러납니다. 미시적 존재 하나가 곧 우주의 축소판이며, 우주는 이 하나를 통해 드러냅니다. 이는 단순한 상징이 아닌, '존재의 상호내재 구조에 대한 철학적 모델'[83]입니다. 이런 사유에서 깨달음은 개인의 내면적 체험을 넘어 '우주 전체의 조화를 의미'합니다. 예컨대 한 인간의 마음이 밝

---

82) '일즉일체, 일체즉일(一卽一切, 一切卽一)'은, '하나가 곧 전체이고, 전체가 곧 하나'란 뜻으로, 화엄사상의 핵심 교리인 '일중일체다중일(一中一切多中一)'의 한 구절이다. 이는 모든 존재와 현상이 서로 긴밀하게 연결되어 있으며, '개체와 전체가 분리되지 않는 상호 의존적인 관계'임을 강조한다.

83) '존재의 상호내재 구조에 대한 철학적 모델'은, 상호주관성, 실존주의, 현상학 등 다양한 철학적 흐름에서 제시된다. 대표적으로 '상호주관성 철학'은 자아가 타자에 대한 지향을 통해 존재하며, '실존주의'는 개인의 자유로운 선택과 책임이 존재의 핵심이라 주장한다. 그리고 '현상학'에선 의식의 지향성, 즉 항상 무엇인가를 향해 있는 의식의 본질을 통해 존재를 분석하며, 이 모든 모델들은 존재가 단일한 존재자가 아닌, 서로 연결되고 투영되는 복합적인 구조임을 강조한다.

아지면 이 빛이 전체를 비추고, 하나의 존재가 조화되면 모든 존재가 함께 평화롭게 됩니다.

따라서 화엄의 깨달음은 '전체 속의 나'가 아닌, '나 속의 전체'를 자각하는 것입니다. 이 '상호연결적 존재론'은 윤리적 차원에서도 깊은 함의를 지닙니다. 모든 존재가 서로를 포함하고 의존한다면, 타자에 대한 폭력은 곧 자신에 대한 폭력이 되기 때문입니다. 그래서 화엄의 자비는 감정이 아닌, '존재론적 연대의 필연적 결과'입니다. 즉 모든 생명은 서로의 존재 조건이며, 하나의 깨달음이 모두를 구제하는 것입니다.

이런 사상은 신라의 의상(義湘)과 원효(元曉)에 의해 한국적 화엄사상으로 심화되었습니다. 특히 의상의 『법성게(法性偈)』[84]는 "하나가 곧 전체이고, 전체가 곧 하나[一

84) 『법성게(法性偈)』의 내용은 이렇다. "일중일체다중일[一中一切多中一], 일즉일체다즉일[一卽一切多卽一]. 일미진중함시방[一微塵中含十方], 일체진중역여시[一切塵中亦如是]." 풀어보면, "하나 속에 일체가 있고, 일체 속에 하나가 있으니, 하나가 곧 일체요, 일체가 곧 하나다. 한 티끌 속에 온 우주가 들어 있고, 온 우주의 티끌마다 또한 이와 같네." 역시 모든 존재는 서로 의존(依存)하는 것으로, 하나의 존재(存在)가 전체를 포함하고, 전체는 하나를 포함한다는 철학적 가르침을 나타낸다.

中一切多中一]"라는 구절로 화엄(華嚴)의 세계관을 시적 언어로 보여줍니다. 그에게 깨달음은 분리된 구제의 경험이 아닌, '모든 존재가 서로의 빛을 통해 완성되는 우주적 합일의 체험'입니다. 이는 마치 한 방울의 이슬에도 하늘이 존재하는 것과 같습니다.

Ⅳ. 유교와 불교의 융합[85)]

85) 두 사상의 출발점은 모두 '인간'이지만, 이 인간 이해의 방향은 서로 달랐다. 즉 '유교는 도덕적 인간의 완성', 불교는 '존재의 자각을 통한 해탈'을 통합적 시선으로 해석하고 있다.

1. 인간관(人間觀) 비교[86)]

1) 유교의 도덕적 인간 vs. 불교의 자각적 인간

유교와 불교의 사유는 모두 '인간이 중심'입니다. 하지만 관점은 다릅니다. 유교는 '어떻게 살아야 하는가'란 '도덕적 실천의 문제'를, 불교는 '인간은 무엇인가'라는

---

86) 두 사상이 인간을 어떻게 이해했는지를 도덕적이고 존재론적 차원에서 논했다. 즉 병렬이 아닌 '입체적 대화'로 해석했다. 말하자면 유교는 '인간의 관계적 완성', 불교는 '인간의 실존적 해방'이란 서로 다른 길을 걸었지만, 결국 '인간의 자각과 책임을 통합하는 동아시아적 인간학'으로 만난다.

'존재론적 자각의 문제'를 탐구합니다. 즉 유교는 삶의 방향을, 불교는 존재의 본질을 묻습니다. 공자에게 인간은 도덕적 존재입니다. 이는 인간이 하늘의 도리를 계승한 존재로, 수기치인(修己治人), 즉 자신을 닦아 세상을 다스리는 윤리적 주체로 봅니다.

인간의 가치는 '사회적 관계에서 실현'되며, 이 관계를 조화시키는 덕목은 역시 인(仁)입니다. 따라서 유교의 인간은 도덕적 완성체이며, 이 '완성은 타자와의 관계에서 확인'됩니다. 이에 반해 불교의 인간은 '깨달음을 향한 존재'입니다. 인간은 무지와 집착으로 윤회(輪廻)의 고통 속에 있으나, 이 '안에는 스스로 구제할 수 있는 자각의 능력이 존재'합니다. 석가모니는 "모든 존재는 부처의 성품을 지닌다."[87]고 했습니다.

---

87) 조주(趙州)에게 한 제자가 물었다. "스님, 개에게도 불성(佛性)이 있습니까." 조주는 "없다."고 했다. 다른 제자가 같은 질문을 했다. 이번엔 "있다."라고 했다. 동물에게도 영혼이 있느냐 없느냐의 논쟁은 인류의 오래 된 물음 중의 하나다. 가령 데카르트는 "아니다."라고 했다. '인간만이 영혼을 갖고 있으며, 동물들은 영혼이 없는 기계와 같다'는 것이 그의 결론이다. 하지만 인류는 동물도 영혼이 있음을 믿고, 이 영혼을 달래는 의식(儀式)을 치른 흔적이 수도 없이 많다. 단적인 예로 알타미라(Altamira) 동굴의 벽화나 울산 반구대 암각화가 이를 말해준다. 참고로『열반경(涅槃經)』에서도 '일체 중생은 모두 불성(佛性)이 있다'고 했는데, 여기서 불성(佛性)은 방편 법 차원에서 보면 '가능성의

즉 인간은 본래 깨달음의 가능성을 품은 존재이며, 이 가능성을 실현하는 과정이 수행인 것입니다. 여기서 인간의 본질은 선악의 도덕적 기준이 아닌, '깨달음과 무지의 경계 위에 서 있는 실존적 존재'입니다. 유교의 인간이 사회적 관계 속의 도덕적 자아라면, 불교의 인간은 존재의 본질을 스스로 자각하는 내면적 자아입니다. 즉 유교는 '인간으로서의 책임과 덕'을 논하고, 불교는 '인간으로서의 고통과 자유'를 논합니다.

유교는 '도덕을 향한 노력'으로, 불교는 '무지로부터의 해방'으로 인간을 이해합니다. 하지만 둘은 대립되지 않습니다. 공자의 '인의 실천'과 석가모니의 '자비의 실천'은, 모두 '타자의 고통을 공감하고, 이를 해결하려는 인간의 윤리적 각성'에서 비롯됩니다. 유교의 도덕은 사회적 연대의 윤리이고, 불교의 자비는 존재적 연대의 윤리입니다. 결국 인간답게 산다는 것의 의미를 '행위와 자각의 두 축에서 완성'하려 합니다.

씨앗'이다. 그리고 『법화경(法華經)』 차원에선 '가능성의 씨앗이 아닌, 이미 완전히 이루고 있는 부처성품'이다. 즉 '만물은 부처 성품이 완전히 내재되어 있는 것'이다.

2) 관계적 자아와 무아적 자아

유교와 불교의 인간 이해의 가장 근본적 차이는 '자아(自我)에 대한 철학적 태도'에서 드러납니다. 유교의 자아는 '관계 속의 자아'입니다. 인간은 홀로 존재할 수 없고, 가족과 사회, 국가와의 관계 속에서 자아를 실현합니다. 공자는 "사람이 인(仁)하지 않으면 사람인가."라고 했습니다. 여기서 '인'은 타자와의 관계를 통해 자신을 완성하는 덕입니다. 즉 유교적 자아는 '나-너-세상'의 윤리적 관계에서 형성되는 것입니다.

그리고 '도덕적 자아'는 타자에 대한 공감과 책임의 실천을 통해 완성됩니다. 반면 불교의 자아는 이른바 '무아적 자아(無我的自我)'입니다. 불교는 모든 존재가 인연(因緣)으로 생하고 인연으로 사라지며, 이 속에 고정된 '나'는 존재하지 않는다고 봅니다. 즉 '무아(無我)'는 자아의 부정이 아닌, '자아를 절대화하는 집착으로부터의 자유'를 말합니다. 자아가 고정되지 않기에, 인간은 끊임없이 변화하고 성장할 수 있습니다.

여기서 '무아의 자각'은 곧 '타자와 세계의 동일성'을 깨닫는 길이며, 모든 생명을 자기처럼 느끼게 하는 자비의 근원이 됩니다. 따라서 유교의 관계적 자아가 '타자와 함께 완성되는 윤리적 자아'라면, 불교의 무아적 자아는 '타자와 구별되지 않는 존재적 자각의 자아'입니다. 전자는 '관계 속의 나', 후자는 '경계 너머의 나'를 말합니다. 유교는 '함께 살아가는 인간'을, 불교는 '함께 존재하는 생명'을 향하는 것입니다.

이 두 자아의 형식은 현대 철학의 '타자윤리(他者倫理)'[88]나 '관계적 존재론'[89]과도 깊이 맞닿아 있습니다. 이

---

88) 타자윤리(他者倫理)는, 동화나 포용의 대상이 아닌, 절대적으로 다른 존재로 인식하고 존중하는 윤리적 태도를 의미한다. 특징을 보면, 타자의 고유한 존재 방식과 삶의 맥락을 인정하고, 타자의 고통과 어려움에 무조건적으로 응답하는 책임을 강조한다. 이는 타자를 '나'의 사유 범주 안에 가두지 않고, '얼굴'로서 만나는 새로운 관점을 제시한다. 그리고 타자와의 공존과 소통을 위한 책임윤리로 발전하며, 특히 다문화 사회에서 타자와의 공존을 가능하게 하는 철학적 원리와 윤리적 책임의 기초가 된다. 아울러 타자를 위한 존재, 즉 타자의 고통에 응답하는 무한한 책임이 진정한 윤리의 출발점임을 강조한다. 가령 레비나스(Levinas)의 타자윤리는 난민 문제 등 현실의 다양한 사회적 갈등에서 타자를 '얼굴'로 만나 고통에 귀 기울이는 구체적 실천을 제안한다. 이처럼 타자윤리는 단순한 추상적 논의가 아닌, '타자와의 구체적 만남과 연대를 위한 실질적 지침'이라 할 수 있다.

를 근거로 다시 말하면, 유교의 자아는 '사회적 연대의 윤리', 불교의 자아는 '존재적 연대의 철학'입니다. 즉 유교의 인간은 '함께 사는 인간'이고, 불교의 인간은 '함께 존재하는 인간'입니다. 따라서 두 사상의 만남은, '도덕과 자각의 통합', '관계와 공(空)의 조화'란 새로운 인간학의 가능성을 열어주고 있습니다.

---

89) 관계적 존재론은, 개별적이고 고립된 존재를 전제하는 서구의 개인주의적 존재론과 달리, '존재가 사회나 다른 존재들과의 관계 속에서 비로소 규정되고 성립한다고 보는 관점'이다. 즉 개별 존재의 독립적인 본질보다 '타자와의 연결이나 관계에서 존재의 방향과 의미가 생성된다'는 점을 강조하며, 이는 페미니즘이나 사회학, 심리학 등 다양한 분야에서 개인과 사회의 상호작용을 이해하는 중요한 틀로 활용된다.

2. 세계관과 형이상학의 비교[90)]

1) 이기(理氣)와 연기(緣起)의 구조적 유사성[91)]

유교의 형이상학적 세계관은 '이(理)와 기(氣)'의 이원적 구조로 설명합니다. '이'는 존재의 원리이자 보편적 질서이며, '기'는 존재의 원리가 현실 속에서 드러나는 '생명적 에너지'입니다. 이 둘은 분리되지 않고 서로를 매개합니다. 때문에 이 없는 기는 방향을 잃고, 기 없는 이는 현실화되지 않습니다. 따라서 이는 '이기불이(理氣不二)'라 하여, 존재와 도덕, 우주와 인간이 하나의 질서 속에서 서로를 비추는 관계입니다.

---

90) 유교의 이기(理氣) 사상과 불교의 연기(緣起) 사상은 서로 다른 문화적 배경에서 출발했으나, 세계의 근본 구조를 '관계와 조화의 질서로 이해했다는 점에서 깊은 상통성'을 지니는 것을 보여준다. 또한 유교의 '천도(天道)'와 불교의 법(法 : Dharma)이 '보편적 질서'란 공통의 문제의식 아래 어떻게 다른 방향으로 전개되었는지 대조했다.

91) '유교와 불교의 세계 이해'가 '이기'와 '연기', '천도'와 '법'이란 서로 다른 언어로 하나의 조화로운 우주관을 노래하고 있음을 보여주는 사상적 교차점이다. 즉 유교는 '도덕적 우주론', 불교는 '존재적 우주론'으로, 모두 인간과 세계의 일체성, 질서와 자각의 통합을 지향한다.

한편 불교의 세계관은 '연기(緣起)'로 요약합니다. "이것이 있으므로 저것이 있고, 이것이 없으므로 저것이 없다." 이 한 문장이 곧 불교의 우주론입니다. 여기서 연기는 모든 존재가 '서로 의존하여 생기고 사라지는 상호연결의 법칙'을 뜻합니다. 어떤 것도 고정된 실체로 존재하지 않으며, 모든 것은 '조건적 존재로서의 관계'에 있습니다. 즉 존재란 고정된 '것[Thing]'이 아닌 '관계에서만 드러나는 과정[Process]'입니다.

이 두 사상은 언어와 형식은 비록 다르지만, 세계의 근본 구조를 '관계적 조화의 원리'로 이해했다는 점에서 놀라운 평행성을 지닙니다. '유교의 이(理)와 기(氣)', '불교의 연기(緣起)'는 모두 '상호의존적 질서'를 말합니다. 유교에선 이것이 도덕적 조화의 형태로, 불교에선 존재론적 상호생성의 형태로 나타납니다. 말하자면 유교의 이(理)가 '만물의 내적 질서'라면, 불교의 연기(緣起)는, '만물의 관계적 질서'라 하겠습니다.

이처럼 이(理)와 연기(緣起)는 모두 고정된 실체를 부정하고, 다양한 존재가 서로를 통해 드러나는 유기적 우주관을 형성합니다. 차이는 강조점에 있습니다. 유교는 이의 보편성과 기의 현실성을 통해 도덕적 우주를 구축코자 했고, 불교는 연기의 상호성 속에서 '집착 없는 존재의 자유'를 추구했습니다. 즉 이기의 구조는 조화란 질서 속에서의 도덕적 완성을, 연기의 구조는 상호의존 속에서의 존재적 해방을 지향합니다.[92)]

2) 천도(天道)와 법(法)의 차이

유교와 불교의 형이상학이 만나는 또 다른 지점은 보편적 질서에 대한 사유, 즉 천도(天道)와 법(法)의 개념입니다. 유교의 천도(天道)는 하늘의 도리이자, 세상을 이끄는 도덕적 질서의 근원입니다. 『중용』엔 '하늘이 명한 것을 성'[93)]이라 했습니다. 여기서 '천도'는 단순한 자연의 법칙이 아닌, 도덕적 행위를 통해 응해야 할 윤리적 질서인 것입니다. 하늘은 외재적 신이 아닌, 인간의 내면에 깃

---

92) 이처럼 두 사상은 다른 듯 닮아 있다. 유교의 '하늘과 인간은 하나'란 천인합일(天人合一)과 불교의 '모든 존재의 상호연결성'인 연기상의(緣起相依)는 서로 통한다. 이 둘은 모두 '세계는 관계이며, 이 관계 안에서 인간은 깨닫는다'는 동아시아의 사유를 보여준다.

93) 『중용』 제1장 : 天命之謂性, 率性之謂道, 修道之謂教.

든 도덕적 명령인 것입니다.

따라서 천도는 초월적 원리가 아닙니다. '도덕적 근거로서의 내재적 하늘'입니다. 인간은 하늘의 뜻을 깨닫고 실천함으로써 세상과 조화를 이루는 존재입니다. 불교의 법(法 : Dharma)은 우주를 구성하는 '보편적 진리와 존재의 규칙성'을 뜻합니다. 이 법은 인간의 행위에 따라 바뀌지 않으며, 모든 존재가 법에 따라 생하고 멸합니다. 하지만 법은 단순한 기계적 법칙이 아닌, 존재의 근원을 드러내는 자각의 원리입니다.

석가모니는 '법을 보는 이는 나를 보고, 나를 보는 이는 법을 본다'[94]고 했습니다. 법은 신의 명령이 아닌, 존재 자체의 진실로, 모든 현상과 마음이 작동하는 궁극적 구조입니다. 이 두 개념의 차이는 유교가 '도덕적 하늘'을 강조한 반면, 불교는 '존재적 진리'를 강조했다는 점입니다. 유교의 천도는 인간의 윤리적 실천을 통해 완성되는 도덕적 우주론이며, 불교의 법은 인간의 자각을 통해 드러나는 '존재의 본질'입니다.

---

94) 『如是語經』, 第五品, 隨佛, 92 : 諸比丘, 彼之比丘見法, 見法者則見我.

다시 말해 유교의 인간은, '천도(天道)의 대행자(代行者)로 세상의 질서를 실현하는 존재'이고, 불교의 인간은, '법(法)의 각자(覺者)로 세상의 실상을 통찰하는 존재'입니다. 그럼에도 이 두 사유는 '인간은 우주의 일부이자 우주의 표현'이란 공통의 통찰을 공유합니다. 유교의 천도는 '인간의 도덕적 책임'을 강조하고, 불교의 법은 '인간의 실존적 자각'을 강조합니다. 즉 '행동적 윤리'와 '깨달음의 윤리'라 할 수 있습니다.[95)]

95) 둘 다 인간을 우주적 질서의 중심에서 사유하지만, 유교는 이 질서에서 '도덕적 실현'을, 불교는 이 질서에서 '존재적 인식'을 통해 완성한다. 한편 유교는 '하늘을 도덕의 이름'으로 불렀고, 불교는 '법을 진리의 이름'으로 불렀다.

3. 수양론과 수행론 비교[96)]

1) 수기치인(修己治人)과 자각(自覺)의 길[97)]

유교의 수양(修養)은 인간을 '도덕적 존재로 완성하는 길'입니다. 공자는 인간이 본래 하늘의 도리를 이어받은 존재로, 이 '도리를 사회에서 실현해야 한다'고 보았습니다. 이를 위해 나온 것이 '수기치인(修己治人)'입니다. 먼저 자신을 닦고[修己], 닦은 덕(德)으로 세상을 다스린다[治人]는 것입니다. 여기서 '닦는다'는 것은 단순한 자기 수련을 넘어, '마음의 성찰과 덕의 함양'을 통해 '천리(天理)와 하나 되는 것'입니다.

96) 두 사상이 인간의 완성과 깨달음을 어떻게 실천의 길로 구체화 하는지를 비교하면서, '수양(修養)'과 '수행(修行)'의 철학적 통합 가능성을 보여준다. 즉 '유교의 도덕적 수양의 길'과 '불교의 존재적 자각의 길'이 서로 다른 언어로 말하지만, 결국 '조화와 균형의 실천철학'으로 만난다.

97) 두 사상의 실천철학이 '수양과 수행, 도덕과 자각, 중용과 중도'란 세 쌍의 개념을 통해 '동아시아 정신의 핵심 원리인 조화와 자각의 통합'을 이루고 있음을 보여준다. 즉 '유교의 중용적 수양은 인간과 사회와의 조화'를, '불교의 중도적 수행은 인간과 존재와의 조화'를 추구한다. 결국 두 길은 '하늘의 이치와 존재의 진리'가 한 마음으로 귀결된다.

『대학(大學)』에선 이를 ‘격물치지(格物致知) → 성의정심(誠意正心) → 수신제가치국평천하(修身齊家治國平天下)’의 순서로 체계화했습니다. 이 구조는 개인의 내면적 수양에서 사회적 책임으로 나아가는 ‘윤리적 확장의 구조’를 보여줍니다. 유교에서 인간은 홀로 깨닫는 존재가 아닌, 공동체 속에서 덕을 구현함으로써 완성되는 존재입니다. 따라서 수양은 자기완성의 길이자, ‘세계와 조화를 이루는 도덕적 실천’입니다.

이에 비해 불교의 수행(修行)은 인간을 ‘깨달음을 향한 존재로 회복시키는 길’입니다. 석가모니의 가르침은 철저히 실천적입니다. 그는 인간의 고통이 무지[無明]와 집착(執着)에서 비롯된다고 보고, 이로부터 벗어나기 위한 구체적 실천을 제시했습니다. 이것이 이른바 ‘팔정도(八正道)’입니다. 구체적으론 ‘정견(正見)과 정사유(正思惟), 정어(正語), 정업(正業), 정명(正命), 정정진(正精進), 정념(正念), 정정(正定) 등’입니다.

이 수행의 핵심은 ‘자각(自覺)’, 즉 자신 안의 무지를 깨닫고 본래의 청정한 마음[佛性]을 회복하는 일입니다. 유교의 수양이 사회적 조화의 도덕적 실천이라면, 불교의 수행은 존재적 자유의 자각적 실천입니다. 하지만 두 길은 공통적으로 '자기 안의 어두움을 밝혀 인간을 새롭게 하는 일'이란 점에서 맞닿아 있습니다. 수양은 덕의 길이고, 수행은 지혜의 길이지만, 둘 다 자아의 변화를 통한 세계의 변화를 추구합니다.[98)]

2) 중용(中庸)과 중도(中道)의 철학적 접점

유교와 불교의 실천철학은 각각 '중용(中庸)'과 '중도(中道)'로 요약합니다. 두 개념은 언어적으로 유사할 뿐 아니라, 세계와 인간을 '극단이 아닌 조화의 원리'로 이해한다는 점에서 깊이 통합니다. 예컨대 『중용』에선 "기쁨과 노여움, 슬픔과 즐거움이 아직 일어나지 않은 상태를 중(中)이라 하고, 이것들이 일어나되 모두 절도(節度)에 들어맞는 것을 화(和)라 한다."[99)]고 했습니다. 여기서의 핵심은 역시 '절도와 조화'입니다.

98) 부연하면, 수양(修養)이 '세상을 향한 내면의 길'이라면, 수행(修行)은 '내면을 향한 세상의 길'이다. 두 길은 서로 교차하며 결국 '인간 안의 하늘[天]'과 '인간 안의 법(法)'이 하나로 만나는 것이다.

99) 『중용』 제1장 : 喜怒哀樂之未發, 謂之中, 發而皆中節, 謂之和.

즉 '인간의 감정과 행위를 도덕적 중심'에 두고, '과(過)하거나 부족함이 없는 상태'를 유지하는 것이 곧 도(道)입니다. 여기서 '중(中)'은 단순한 절제의 덕이 아닌, '인간의 마음이 하늘의 이치(天理)와 합일된 상태', 즉 도덕적이고 우주적인 조화의 실현입니다. 불교의 중도(中道) 역시 양극단을 떠난 길입니다. 석가모니는 출가 후 극단적 고행과 쾌락의 삶을 모두 경험한 뒤, 어느 쪽도 진리에 이르지 못함을 깨달았습니다.

그는 "쾌락과 고행, 존재와 비존재, 유(有)와 무(無)의 어느 쪽에도 치우치지 않는 길"[100]을 중도(中道)라 했습니다. 중도는 단순한 절충이 아닌, '모든 집착을 떠난 자유의 길', 즉 '존재를 있는 그대로 보는 지혜의 태도'입니다. 이처럼 중용과 중도는 서로 다른 문화적 코드 속에서 '균형과 조화'라는 실천철학을 구현합니다. 유교의 중용이 '도덕적 조화의 윤리'라면, 불교의 중도는 '존재적 자유의 지혜'라 할 수 있습니다.

---

100) 석가모니가 '깨달음을 얻은 길'로, 육체의 요구대로 쾌락을 좇는 길과 육체를 너무 학대하는 고행의 길 모두를 버린 길이다.

유교는 인간의 감정과 행위를 바르게 조율하여 '성(誠)'의 상태에 이르는 것을 목표로 하고, 불교는 모든 분별과 집착을 내려놓아 '공(空)'의 지혜에 도달하는 것을 목표로 합니다. 그럼에도 두 사유는 평행선을 달리지 않습니다. 중용의 '화(和)'와 중도의 '공(空)'은 모두 극단을 떠나 세계와 일체로 존재하는 깨달음의 조화를 이룹니다. 하나는 '도덕적 균형의 언어'로, 다른 하나는 '존재론적 자유의 언어'로 표현합니다.[101)]

---

101) 유교의 중용은, '덕(德) 중심'이고, 불교의 중도는, '지혜(智慧) 중심'이다. 하나는 인간을 고요히 조화시키고, 다른 하나는 존재를 자유롭게 해방시킨다. 둘 다 극단을 버리고 중(中)으로 돌아온다.

4. 윤리관과 해탈관의 대조

1) 도덕적 완성과 존재의 초월[102)]

유교와 불교는 모두 인간을 구제하고 완성하려는 사상입니다. 하지만 이들이 말하는 완성의 방향은 다릅니다. 유교의 이상은 '도덕적 완성[德性의 완성]'이고, 불교의 이상은 '존재의 초월[存在의 해탈]'입니다. 즉 유교는 '세상 속의 완성'을, 불교는 '세상 너머의 자유'를 지향합니다. 여기서 유교의 도덕적 완성은 인간의 사회적 존재성을 전제로 합니다. 즉 유교는 '군자는 덕을 근본으로 삼고 예로 다스린다.'[103)]고 합니다.

이는 하늘의 도리를 체현(體現)하는 것이며, 이를 완성

---

102) 두 사상이 '인간의 완성과 초월'을 각기 윤리적이고 존재론적인 방향으로 구현했음을 보여준다. 유교는 '덕의 완성'을 통해 초월을 현실 안에서 실현하고, 불교는 '무아의 자각'을 통해 현실 너머에서 초월을 완성한다. 결국 두 사상은 다른 언어로 동일한 진리를 말한다.

103) 군자는 덕(德)을 근본으로 삼고, 예(禮)로 사회를 다스리는 이상적 인간상을 의미한다. 즉 군자는 인(仁)과 같은 내면의 덕목을 바탕으로, 예(禮)란 사회적 규범과 질서를 통해 백성을 다스리는 것이 정치의 근본임을 강조한다.

하는 것이 곧 인간됨의 완성입니다. 따라서 유교의 윤리관은 '덕을 완성하여 공동체를 조화시키는 실천철학'입니다. 여기서 '인(仁)'은 중심으로, 타자를 사랑하며 공동체 전체를 도덕적 질서로 이끄는 핵심입니다. 맹자는 이런 윤리적 완성을 '성(性)의 회복'[104]으로 설명합니다. 인간은 본래 선한 마음을 지녔고, 이 마음을 확충하면 '하늘의 덕과 하나가 되는 것'입니다.

즉 도덕적 완성은 '인간이 하늘과 합일'하는 것입니다. 이는 현실 속에서 이뤄지는 초월, 즉 '세속의 성스러움'이란 형이상학적 윤리입니다. 그리고 불교의 세계에서 완성은 다른 방식으로 이해합니다. 예컨대 덕(德)의 충만이 아닌, '속박으로부터의 자유', 즉 '해탈(解脫 : Moksha)'로, 이는 고(苦)의 원인인 무명(無明)과 집착(執着)을 끊고, 모든 존재가 '인연(因緣)에 따라 생멸(生滅)한다는 진리를 깨닫는 데서 비롯'됩니다.

---

104) '성(性)의 회복'은, 인간의 선천적인 도덕적 본성인 '인(仁)과 의(義), 예(禮), 지(智)'를 본래대로 되찾는 것을 의미한다. 이는 인간이 나면서부터 선한 본성을 지녔지만, 환경에 의해 본성을 잃고 악해진다고 본 것이다. 따라서 본성을 되살리기 위해선 '사단(四端)'의 확장을 통해야 이른바 '왕도정치(王道政治)'를 실현할 수 있다고 주장했다.

깨달음은 자아의 해체, 집착의 소멸, 존재의 투명한 자각을 뜻합니다. 유교의 완성이 '해야 할 것'이라면, 불교의 해탈은 '놓아야 할 것'입니다. 즉 불교의 이상적 인간은 부처[佛], 곧 모든 분별과 집착에서 벗어난 사람입니다. 이는 도덕적 의무를 수행하는 존재가 아닌, '본래 자유를 체현하는 이'입니다. 따라서 불교의 완성은 도덕적 정화가 아닌 '무아(無我)'와 '공(空)'의 체험을 통해 하나가 되는 초월적 평형(平衡)입니다.[105]

2) 인간 완성과 해탈의 차이

유교의 인간 이상은 역시 성인(聖人)입니다. '성인'은 하늘의 도리를 깨닫고, 그 도리를 인간 세계 속에서 실현하는 존재입니다. 이는 사회적 관계 속에서 책임과 덕(德)을 다하며, 자신의 삶 전체를 '도덕적 질서로 변환시키는 사람'입니다. 따라서 성인은 초월적 존재가 아닌,

---

105) 부연하면, 유교는 '사회 속에서 완성되는 성인(聖人)의 길이라면', 불교는 '모든 경계를 벗어나는 깨달음의 길'이다. 즉 '자기 안의 어둠을 다스리고, 존재의 근원을 깨달으면 완전'해지는 것이다.

'이 세상에서 하늘의 뜻을 구현하는 사람'입니다. 성인의 완성은 타자와의 조화, 사회의 질서 그리고 '하늘과 인간의 일체성 속에서 성립'됩니다.

이에 반해 불교의 이상은 '아라한(阿羅漢)이나 보살(菩薩)'입니다. 여기서 '아라한'은 개인적 해탈의 완성이며, '보살'은 위로 깨달음을 구하고, 아래론 중생의 해탈을 위해 애쓰는 존재입니다. 이들에게 인간의 완성은 도덕적 덕(德)의 충만이 아닌, '무명(無明)으로부터 벗어나 모든 존재의 상호연결성을 깨닫는 지혜의 실현'입니다. 이 완성은 '나와 타자, 생(生)과 사(死), 있음과 없음'의 경계를 넘어서는 통찰에서 비롯됩니다.

즉 '유교의 완성'이 도덕적 완전함[Perfection]이라면, '불교의 해탈'은 자아의 소멸을 통한 자유[Liberation]입니다. 유교가 '스스로 이루는 길'이라면, 불교는 '스스로 비우는 길'입니다. 즉 전자는 '행함의 완성', 후자는 '놓음의 완성'입니다. 이 차이는 인간 이해의 지평에서도 드러납니다. '유교적 인간'은 사회적 존재로 타자와 더불어 완성되고, '불교적 인간'은 존재론적이고 실존적 존재로의 자각 속에서 자유로워집니다.

유교의 인간은 '인간 사이의 도[人倫之道]'를, 불교의 인간은 '존재의 진리[諸法實相]'[106]를 따릅니다. 하지만 서로 배타적이지 않습니다. 유교의 성인과 불교의 부처는 모두 '자기 중심의 아상(我相)'을 초월합니다. 성인은 타자를 위해 자신을 낮추고, 부처는 타자와 자신을 구별하지 않습니다. 둘 다 '나를 넘어 타자와 하나 되는 인간의 초월'을 지향합니다. 유교는 '세속의 관계를, 불교는 세속 너머의 초월'을 말합니다.[107]

---

106) 제법실상(諸法實相)은, 일체 만법의 진실한 체상, 즉 '모든 존재가 있는 그대로의 진실한 면모'를 의미한다. 『법화경』에서 제법실상은 곧 부처님이 깨달아 성취한 내용을 가리킨다. 그리고 제법실상은 대승불교와 중국불교의 모든 종파에서 중요하게 여긴 개념인데, 정토종(淨土宗)에선 제법실상을 아미타불의 명호(名號)라 하고, 화엄종(華嚴宗)에선 일진법계(一眞法界)를 제법실상이라 한다. 선종에선 제불(諸佛) 혹은 역대조사들의 오도(悟道)를 표현하는 본래면목을 제법실상이라 한다.

107) 부연하면, 유교의 성인은 세상 속에서 하늘을 살고, 불교의 부처는 세상을 떠나 진리를 산다. 하지만 하늘과 진리는 둘이 아니다. 인간의 길은 결국 하나의 깨달음으로 이어진다.

5. 사상적 융합과 동아시아 사유의 전개[108)]

1) 유불융합사상(儒佛融合思想)[109)]

유교와 불교는 처음부터 화합적 관계에 있지 않았습니다. 한쪽은 '세속적 질서와 도덕의 철학'이고, 다른 한쪽은 '존재의 초월과 해탈의 철학'입니다. 하지만 시간이 흐르면서 '대립을 넘어 변용의 길'로 나아갔습니다. 이 만남의 정신을 이른바 '유불융합(儒佛融合)'이라 칭합니다. 중국에선 위진남북조 시대에 '현학(玄學)'의 영향 아래 불교의 공(空) 사상과 노장(老莊)의 무(無) 사유가 결합하면서 새로운 전기가 마련됩니다.

즉 유교의 도덕적 세계관이 '새로운 형이상학적 해석

108) 동아시아 사유의 전개를 대립이 아닌 융합의 역사, 즉 유교와 불교가 서로의 철학을 비판하고 수용하며 '도덕적 철학과 존재적 철학이 한 문화권 안에서 통합되어 간 과정'으로 조망한다.

109) 두 사상의 긴 대화를 '대립에서 상생으로, 구분에서 통합으로' 나아간 동아시아의 사유이다. '유교가 불교의 내면성'을 품고, '불교가 유교의 윤리성을 흡수'함으로써 도덕적 실천과 존재적 자각이 합류한다. 이는 사상적 문명, 즉 동아시아 정신의 철학적 정체성이라 할 수 있다.

을 얻게 된 것'입니다. 가령 유교는 '불교의 심성론(心性論)[110]과 명상(冥想 : Meditation) 수행을 받아들이며, 도덕적 실천의 내면화를 심화'시켰고, 불교는 '유교의 사회적 윤리를 참조하여 자비의 실천을 현실적 윤리의 형태로 확장'했습니다. 이후 송대(宋代)에 이르면, '유교와 불교 융합(融合)'은 단순한 사상적 교류를 넘어 '철학적 체계의 상호 재구성'으로 발전합니다.

성리학을 집대성한 주자(朱子)는 불교를 비판하면서도, 이 내부의 '형이상학적 사상을 흡수'했습니다. 그는 불교의 '공(空)'을 '이(理)'의 원리로 재해석[111]했고, 불교

110) 불교의 심성론(心性論)은, '마음[心]과 본성(本性)의 관계, 인간의 내면적 본질은 무엇인가'에 대한 불교적 해석과 철학적 논의를 가리킨다. 핵심은 '일심(一心)과 불성(佛性)'으로, 인간의 마음[心]을 만법의 근원이자 성불의 근거로 보며, 모든 중생에게 본래부터 갖추어진 불성, 즉 깨달음의 본성이 있다고 본다. 이는 『대승기신론(大乘起信論)』 영향인데, 여기선 마음을 두 가지 문[一心二門]으로 설명하며, 일심이 우주만물의 근원임을 강조한다. 불교 심성론의 의의는, 공(空)과 무상(無常), 무아(無我)의 세계관을 바탕으로, 인간의 본성은 고정된 실체가 아닌 연기적이고 찰나적인 것으로 본다. 따라서 심성론은 깨달음[成佛]과 중생구제의 실천적 과제로 연결되며, '지금 바로 여기'서의 마음 작용을 중시한다. 요약하면, 불교의 심성론은 인간의 내면적 본성과 마음의 본질을 탐구하며, 모든 존재에 내재된 불성과 깨달음의 가능성을 강조하는 불교 고유의 철학적 논의라 할 수 있다.

111) 주자(朱子)는, 불교의 '공(空)' 개념을 유교적 '이(理)'의 원리로 재해석하

의 '심(心)' 사유를 도덕적 자각의 기반으로 전환시켰습니다. 이처럼 유교는 불교의 초월적 세계관을 '도덕적 현실주의 형이상학'으로 변형시킨 것입니다. 한편 불교 또한 '유교의 윤리적 구조를 통해 자비(慈悲)와 연민(憐憫)의 실천'을 구체화하기에 이릅니다.

보살의 길은 점차 '세속의 자비'로 발전하며, 수행과 사회, 자각과 책임이 결합된 이른바 '윤리적 수행불교'로 자리를 잡습니다. 즉 유교는 불교의 내면성을 받아들이고, 불교는 유교의 사회적 윤리를 수용한 셈입니다. 이 융합의 지점에서 동아시아 인간학, 즉 '내면의 수양과 외적 실천이 결합된 인간상'이 완성된 것입니다. 한국도 다르지 않습니다. 원효의 화쟁사상[112]은 사상적 대립을 조

여, 불교의 허무적이고 무상적인 '공'을 유교의 보편적 원리인 '이'로 전환하는 데 중요한 역할을 했다. 다시 말해 그는 불교의 '공'을 유교의 '이'로 전환함으로써, '공'은 이제 단순한 허무가 아닌 우주의 보편적 원리, 즉 만물의 조화와 질서를 이루는 근본 원리가 되었다. 뿐만 아니라 그는 '이(理)'를 태극(太極)과도 연결시켰는데, '공'의 허무성을 긍정하면서도, 우주의 질서와 조화의 이치가 내재되어 있음을 강조한다. 이로써 주자의 재해석은 유교와 불교의 융합을 촉진하며, 동아시아 사상사에서 '이' 중심의 신유학, 즉 성리학 발전의 토대가 되었다.

112) 화쟁사상(和諍思想)은, 불교 내외의 다양한 주장과 갈등을 조화롭게 융합하여 하나의 진리로 나아가려는 사상으로, 모든 논쟁을 화합으로 바꾸려는 불

화시키는 통합의 철학이었습니다.[113)]

2) 성리학의 불교적 요소와 수용

주지하듯 '주자학(朱子學)'은, 유교가 불교의 사유를 흡수하여 '새로운 형이상학적 체계를 구축한 융합의 산물'입니다. 주자는 불교의 공(空) 사상을 비판했지만, 그의 '이(理)' 개념은 사실 불교의 공성(空性)과 구조적으로 유사합니다. 즉 '이'는 실체가 아닌, 모든 사물 속에 내재하는 질서이자 법칙으로, '있으면서도 비어 있는 원리'로 이해합니다. 이는 '색즉시공(色卽是空), 공즉시색(空卽是色)'과도 철학적으로 교감합니다.

교 교리이다.

113) 원효(元曉)는, '유교의 윤리적 조화와 불교의 공사상(空思想)'을 일심(一心)의 논리로, '모든 도(道)는 하나로 돌아간다[萬法歸一]'는 사유를 전개했고, 의상(義湘)은 '화엄의 인드라망(因陀羅網) 사상'을 기초로 '관계적 존재론을 윤리적 조화의 철학'으로 구체화했다. 이처럼 유불융합은 단순한 사상적 타협이 아닌, 동아시아 정신의 핵심 구조, 즉 내면과 외면, 도덕과 깨달음, 사회와 존재를 하나의 통합된 인간학으로 엮어낸 창조적 변형의 역사다. 이 안에서 유교는 더 깊은 심성(心性)을 얻었고, 불교는 더 실천적인 윤리성을 얻었다.

또한 성리학의 심성론(心性論)도 불교의 영향이 큽니다. 즉 '성즉리(性卽理)'는 불교의 '심즉불(心卽佛)'과 구조상 같습니다. 다만 주자는 이것을 도덕적 근거로 전환시켜, 마음의 수양을 곧 천리(天理)의 실현으로 보았습니다. 불교의 심성론이 내면의 깨달음을 강조했다면, 성리학의 심성론은 깨달음을 '사회적 덕의 구현'으로 재해석했습니다. 성리학의 '정심(正心)'과 '성의(誠意)' 개념 또한 불교의 수행 개념과 동일합니다.

즉 '마음을 바로잡고[正心], 뜻을 성실히 한다[誠意]'는 것은 불교의 선정(禪定)과 자각[覺照]의 수행 구조에 대응합니다. 주자는 수양의 목표를 '성(誠)'[114]에 도달하는 것으로 보았으나 결과는 도덕질서 안에서 완성하려 했습니다. 성리학이 '유교의 도덕성과 불교의 심적 자각을 결합한 실천철학'으로 불리는 이유입니다. 성리학의 계보를 잇는 퇴계와 율곡 또한 불교의 심학(心學)과 명상 전통에 영향을 받았음은 물론입니다.[115]

---

114) '성(誠)'은, 진실되고 거짓이 없는 상태를 뜻하며, 주자의 수양은 이런 숭고한 경지에 이르는 것을 목표로 한다.

115) 퇴계 이황(李滉 : 1501~1570)과 율곡 이이(李珥 : 1536~1584)는 모두 불교의 심학(心學) 및 명상 전통의 영향을 받았다. 이는 조선 성리학의 수양론 정립에

퇴계의 경(敬)사상은 불교의 염(念)수행과 유사[116]하며, 율곡의 '성(誠)'은 불교적 자각의 내면화 구조를 계승했습니다. 이들은 불교적 심성을 배척하지 않고, 도덕적 실천의 깊이를 더하였습니다. 결과적으로 성리학은 유교적 윤리를 기반으로 하되, 내면엔 불교적 사유가 스며들어 있었다고 할 수 있습니다. 유교는 불교로부터 '내면적 자각의 형이상학'을 배웠고, 불교는 유교로부터 '현세

중요한 영향을 주었다. 이들의 심학은 '경(敬)'과 같은 명상적 수련법을 통해 심성을 단련하고, 천성과 합일하는 데 초점을 맞췄다. 여기서 퇴계(退溪)의 심학은 '이(理)'를 중시하며 마음을 인식하고 판단하는 데 있어 '이'의 역할을 강조했다. 수기치인(修己治人)을 실천적으로 강조했으며, '경'을 통해 천심(天心)과 합일하며 사덕(四德)을 기르는 것을 수양의 핵심으로 삼았다. 율곡(栗谷)은 퇴계와 마찬가지로 심성론과 수양론을 깊이 탐구했다. 불교에 심취했던 배경이 있었기에 그의 학문엔 불교적 요소가 있다는 시각이 있으며, 그는 불교적 가르침을 통해 자신의 학문적 길을 찾았다고도 평가된다. 여하튼 퇴계와 율곡은 불교의 심학과 명상을 유교적 틀 안에서 재해석했다. 이는 마음을 닦는 수양론을 발전시키는 데 기여했으며, 성리학이 인간의 내면을 심층적으로 탐구하는 학문으로 발전하는 데 영향을 주었다.

116) 퇴계의 '경(敬)' 사상과 불교의 '염(念)' 수행은 '마음의 집중과 집중을 통한 인격 수양'이란 점에서 유사하며, 둘 다 정신 수양을 통해 이상적인 경지에 도달하고자 하는 공통점을 지니고 있다. 하지만 퇴계의 '경'이 유교적 도덕성을 강조하는 반면, 불교의 '염'은 깨달음과 해탈을 목표로 한다는 점에서 차이가 있다.

적 윤리의 실천성'을 배웠습니다.[117)]

117) 이처럼 상호 수용의 결실이 동아시아 사상의 통합적 구조, 즉 '도덕적 윤리와 존재적 윤리의 결합'으로 나타났다.

V. 결론

21세기 인류는 '기술의 혁명과 가치의 혼돈(渾沌) 속에 자리'하고 있습니다. 지적 자산은 비록 풍부해졌으나, 마음은 오히려 공허해졌습니다. 이때 유교와 불교는 각각 다른 언어로 '인간을 다시 인간답게 하는 길'을 제시합니다. 유교는 '관계와 윤리의 철학'으로, 인간을 '사회적이고 도덕적 존재로 복원'시킵니다. 공자의 '인(仁)'과 '예(禮)'는 오늘날 공동체의 윤리와 리더십, 사회적 책임의 철학으로 재해석되고 있습니다.

맹자의 성선설(性善說)은 인간의 본성을 신뢰하는 '도덕적 휴머니즘의 근거'로 여전히 빛납니다. 불교는 '자각과 존재의 철학'으로, 인간의 '내면과 의식을 새롭게 해석'합니다. '무아(無我)와 연기(緣起)적 사유'는 개체의 고립을 넘어, 모든 존재가 서로 의존하고 함께 깨어나는 '존재적 연대의 철학'을 제시합니다. 이는 현대 심리학의 이른바 마음챙김[Mindfulness]과 생태윤리, 디지털 시대의 정신적 치유로 이어갑니다.

여기서 AI 시대의 인간은 다시 묻게 됩니다. "생각하는 기계와 성찰(省察)하는 인간의 차이는 과연 무엇일까요." 이 차이는 결국 '지식(知識)'이 아닌 '마음[心]'에 있습니다. 유교가 가르친 마음은 '도덕적 감응의 자리', 불교가 가르친 마음은 '존재적 자각의 자리'입니다. 따라서 AI가 학습하는 동안, 인간은 성찰해야 합니다. 기계는 정보를 계산하지만, 오직 인간만이 삶의 의미를 묻고, 선(善)을 선택하며, 깨달음을 얻습니다.

'유교와 불교의 사유(思惟)'는, 21세기 문명(文明) 전환기 속에서의 고전이 아닌, '미래 철학의 두 기둥'입니다. 이들은 긴 시간 동안 서로 다른 길을 걸었지만, 마침내 이렇게 말합니다. "도덕(道德)은 인간을 완성하고, 자각(自覺)은 인간을 해방한다. 그리고 이 둘은 하나의 마음[心]으로 나아간다." 즉 이 사유의 길은, 동양의 지혜가 현대 인류의 존재 위기와 가치관의 혼란 속에서, '다시 살아 움직이는 순간(瞬間)'입니다.

1. 현대사회에서의 유교 · 불교적 인간 이해[118)]

1) 윤리 · 리더십 · 심리학적 응용

21세기의 인간은 풍요 속의 공허, 연결 속의 단절을 경험합니다. 기술의 진보와 정보의 확산이 인간을 자유롭게 만들었지만, 동시에 고립과 분열, 불안과 피로를 낳았습니다. 이때 사상이 새롭게 다가옵니다. 유교와 불교는 '어떻게 살 것인가'라는 근원적 질문 앞에서 오늘의 인간에게 여전히 유효한 통찰을 제공합니다. 유교적 사유는 현대의 윤리와 리더십에 적용될 수 있습니다. 공자는 리더를 덕의 실천자로 보았습니다.

그에게 진정한 지도자는 법보다 신뢰를 앞세우고, 명령보다 모범으로 이끄는 것입니다. 이 사상은 오늘날의

118) 전통사상이 단지 고대의 사유에 머물지 않고, 오늘날의 리더십, 윤리, 심리학, 공동체적 삶의 철학 속에서 어떻게 재해석될 수 있는지를 탐구한다. 즉 유교의 '도덕적 인간'과 불교의 '자각적 인간'이 현대사회의 위기[관계의 붕괴, 의미의 결핍, 기술문명의 가속] 속에서 어떤 인간학적 대안을 제시할 수 있는지를 보여준다.

조직윤리와 공공리더십, 사회적 책임의 문제에 시사점을 줍니다. 맹자의 '측은지심이 없는 자는 인간이 아니다.'란 말은 정치와 경영의 영역에서도 '공감과 도덕적 판단의 리더십'이 왜 필요한지를 설득력 있게 보여줍니다. 유교적 리더십은 명령이 아닌 '인격적 감화, 성과가 아닌 도덕적 신뢰를 중심'에 둡니다.

불교는 '현대의 심리학과 정신문화'에 새로운 길을 열어줍니다. 불교의 수행은 마음의 해방이자, 내면의 자각을 통한 치유입니다. '무아(無我)'는 자기를 부정하는 개념이 아닌, 고정된 자아의 환상을 내려놓고 관계 속에서 유연하게 변화하는 심리적 자유의 상태입니다. 이는 현대 심리학의 '마음챙김[Mindfulness]'으로 이어집니다. 명상은 이제 종교적 수행이 아닌, 자기 인식과 정서 조절의 현대적 방법론이 되었습니다.

불교의 자각은 '내면의 평정과 존재적 안정'을 제공하며, 현대인의 불안을 완화하는 정신적 치유의 철학으로 재해석됩니다. 결국 유교의 리더십과 불교의 심리학은 서로 다른 영역에서 하나의 목적, 즉 '인간다운 삶의 회복'으로 수렴합니다. 유교가 사회적 질서 속에서 덕(德)

을 회복하려 한다면, 불교는 내면의 세계에서 자각을 회복하려 합니다. 이처럼 도(道)와 깨달음이 만나는 지점에서 인간의 새로운 지평을 엽니다.[119)]

2) 공동체와 자아의 재해석

현대사회의 위기(危機)는 기술이 아닌, '인간의 위기'입니다. 개인은 점점 더 자유로워졌지만, 이 자유는 '관계의 상실과 공동체의 해체'라는 큰 대가를 치렀습니다. 이때 유교와 불교는 각기 다른 방식으로 '자아와 공동체'의 관계를 다시 정의합니다. 유교는 '인간을 관계적 존재'로 봅니다. '인(仁)'은 단순한 도덕이 아닌 '관계적 실존의 원리'입니다. 공자는 "인(仁)이란 사람을 사랑하는 것이다[仁者愛人]."라고 했습니다.

이 말은 개인을 넘어 '타자와의 상호책임'을 강조합니

119) 오늘날 우리는 이 두 사상의 만남을 통해 '윤리적 리더십'과 '심리적 자각'이 결합된 이른바 '통합적 인간상'을 그릴 수 있다. 이는 권위의식이 없는 리더와 불안 없는 인간, 즉 '겸손과 평정의 리더십을 지닌 새로운 인격'의 형식이다.

다. 따라서 오늘날의 공동체 위기 속에서 유교적 '관계의 윤리'는 다시금 의미를 회복하고 있습니다. 이는 단지 혈연과 권위의 공동체뿐만이 아닌 공감과 책임의 공동체, 즉 '서로의 인간됨을 존중하는 윤리적 연대'를 의미합니다. 이런 유교적 인간관은 사회적 신뢰와 상호돌봄의 문화를 복원하는 철학적 자원입니다. 반면 불교는 '자아의 근본 구조'를 다시 묻습니다.

여기서 '무아(無我)'는 자아를 해체하는 개념이 결코 아닙니다. '자아의 경계를 확장하는 사유'입니다. 즉 자신이 고정된 실체가 아닌 관계를 형성하는 고리라면, 모든 존재는 나와 연결된 하나의 생명망(生命網)이 됩니다. 이 관점은 현대의 생태윤리, 사회적 연대, 글로벌 책임의 철학적 기반이 됩니다. 불교의 연기론은 개인과 공동체를 분리하지 않고, 모든 생명이 서로에게 조건이 된다는 '존재적 공동체성'을 제시합니다.

이런 관점에서 볼 때, 유교의 '관계(關係)적 자아'와 불교의 '무아(無我)적 자아'는 서로 보완합니다. 전자는 관계의 윤리적 책임을, 후자는 관계의 존재론적 깊이를 제시합니다. 또한 유교가 '더불어 살아가는 인간'을 말한다면, 불교는 '함께 존재하는 생명'을 말합니다. 따라서 이 두 만남의 지점에서 이른바 공동체의 새로운 인간학, 즉 '자아의 자각과 관계의 회복'이 동시에 이뤄지는 '사회철학'[120]이 가능해지는 것입니다.[121]

120) 유교는 '인간 사이의 관계'를 가르치고, 불교는 '존재 사이의 관계'를 가르친다. 하나는 공동체의 윤리를, 다른 하나는 생명의 연대를 일깨운다. 이 둘이 만날 때, 인간은 비로소 자신을 회복한다.

121) 오늘날 동아시아는 급속한 경제 발전과 기술 혁신 속에서도 인간적 공감과 균형은 오히려 상실되고 있다. 이때 유교와 불교의 통합적 사유는, '윤리적 공동체'와 '존재적 연대'를 복원할 수 있는 철학적 나침반이 될 수 있다.

2. 과학 · 기술 · AI 시대의 유불사상 성찰[122)]

1) 인공지능과 '마음'의 문제

21세기 인류는 이전에 전혀 접하지 못했던 '새로운 존재와 마주'하고 있습니다. 이것은 인간의 이성(理性)을 확장한 도구이자, 이제는 스스로 학습하고 판단하는 인공지능[AI]입니다. AI는 더 이상 인간이 제어하는 기계가 아닙니다. 인간의 '생각'을 모방할 뿐만 아니라 '의식'을 초월하는 수준으로 진화하고 있습니다. 이 지점에서 유교와 불교의 사상은 '마음이란 무엇인가'라는 근본적 물음을 다시 제기하기에 이릅니다.

유교에서의 마음[心]은 단순한 감정 기관이 아닌, '도덕적 인식의 중심'입니다. 맹자는 '마음은 하늘의 명(命)

---

122) 최종 결론으로, 과학과 기술이 인간을 초월하는 시대에, 유불사상이 인간을 다시 '마음의 존재'로 회복시키는 철학적 의미를 제시한다. 즉 유교는 윤리의 지평에서 인간의 존엄을, 불교는 존재의 지평에서 인간의 자각을 다시 세운다.

을 받는 자리'[123]라 했으며, '인(仁)'과 '의(義)' 또한 이 마음에서 비롯된다고 보았습니다. 말하자면 인간의 마음은 생리적 작용이 아닌, '하늘과 인간이 만나는 윤리적 매개'인 것입니다. 이 관점에서 보면, AI가 아무리 정교한 계산을 수행하더라도 마음에는 하늘의 명[天命], 즉 도덕적 감응의 차원이 부재합니다.

따라서 AI는 판단할 수 있으나 선(善)을 느끼지는 못하며, 결정할 순 있으나 책임을 지지는 않습니다. 이것이 바로 유교적 '마음의 철학'이 기술문명 시대에 던지는 근본적 비판입니다. 불교는 마음을 '세계 자체의 근원'으로 봅니다. 화엄사상의 핵심인 '일체유심조(一切唯心造)'는 모든 것은 '마음'이 만듭니다. 하지만 마음은 개별적 의식이 아닌, '모든 존재가 서로 의존하는 연기의 장(場) 속에서 일어나는 흐름'입니다.

AI의 지능은 데이터의 연합으로 이뤄진 계산적 인식입니다. 하지만 자각[覺照]이나 연민[慈悲]의 층위엔 이르

123) 마음을 극진히 수양하여 본성(本性)을 앎으로써 하늘의 뜻을 알 수 있다고 보았고, 이것이 곧 '하늘을 섬기는[事天]' 것으로 보았다.

지 못합니다.[124] 불교적 관점에서 '마음'은 정보의 기능이 아닌 깨달음의 존재 방식입니다. 이처럼 유불사상은 AI 시대에 중요한 통찰을 줍니다. 유교는 '마음의 도덕성'을, 불교는 '마음의 자각성'을 강조함으로써, 기계적 지능이 대체할 수 없는 인간 정신의 본질적 차원, 즉 윤리와 자비, 성찰과 자각을 밝혀줍니다.

2) 디지털 시대의 자각과 관계

기술은 인간을 연결하지만, 연결의 과잉은 오히려 '내면의 단절과 외로움'을 낳습니다. 디지털 문명은 모든 것을 실시간으로 이어주지만, 이 속에서 인간은 오히려 '마음을 닫고' 살아갑니다. 따라서 이 시대의 위기는 정보의 부족이 아닌 자각의 부재입니다. 이때 유교와 불교의 사유는 우리에게 '관계와 마음의 회복'을 요구합니다. 유교의 핵심은 '관계의 윤리'이고, 공자는 제자들과 '화이부동(和而不同)'[125]을 논의했습니다.

---

124) AI가 '생각하는 존재'로 진화할수록, 인간은 오히려 '더 느끼고, 더 성찰하고, 더 깨어 있는 존재'로 본질을 분명히 자각해야 한다.

125) 『논어』, 「子路」: 子曰, 君子和而不同, 小人同而不和.

즉 서로 다르되 조화를 이룬다는 뜻입니다. 디지털 시대의 인간관계는 즉각적이지만, 매우 피상적입니다. 유교적 사유는 이 속에서 '관계의 깊이', 즉 '타인과의 진정한 조화와 공감'의 가치를 다시 일깨웁니다. 유교적 인간학은 알고리즘(Algorithm)의 효율보다 '인격적 신뢰와 예(禮)의 윤리'를 더 중시합니다. AI가 '관계를 계산'할 때, 인간은 '관계와 감응(感應)'합니다. 이 '감응의 철학이 유교에서 말하는 인(仁)'입니다.

불교는 이런 시대의 단절을 '자각의 부재에서 비롯된 고통'으로 이해합니다. 디지털 세계는 끝없는 자극과 정보의 흐름을 통해 마음을 외부로 분산시킵니다. 이때 불교적 수행은 마음을 다시 '지금 여기'로 돌려놓습니다. 가령 '마음챙김[Mindfulness]이나 명상' 등은 디지털 문명의 혼탁한 의식 속에서 '집중과 깨어 있음의 기술'로 작용합니다. 이것은 기술문명 안에서 잃어버린 '존재의 현재성'을 속히 회복하는 길입니다.

유교는 '타자와의 관계에서 자아를 회복하는 길'을, 불교는 '내면의 자각을 통해 존재를 회복하는 길'을 제시합니다. 두 사상은 오늘의 문명에 서로 다른 방식으로 답하지만, 근원은 같습니다. 다시 말해 AI와 디지털 기술이 인간의 행위를 대신할 순 있어도, 인간의 깨달음을 대신할 순 없습니다. 유교의 인(仁)과 불교의 공(空)은 다 '타자를 향한 열림'과 '자기를 비우는 자각'을 통해 '인간적 지성의 품격'을 제시합니다.[126]

126) AI는 지식을 배운다. 하지만 마음은 배울 수 없다. 이 마음을 다시 묻는 것이 유교와 불교가 인류에게 남긴 마지막 가르침이다.

참고문헌

기본서[유교]

『小學』, 『大學』, 『論語』, 『論語注疏』, 『孟子』, 『中庸』, 『詩經』, 『書經』, 『禮記』, 『小戴禮記』, 『大戴禮記』, 『周禮』, 『儀禮』, 『春秋左氏傳』, 『周易』, 『荀子』, 『韓非子』, 『史記』, 『道德經』, 『莊子』, 『列子』, 『墨子』, 『管子』, 『二程全書』, 『朱子大全』, 『朱子語類』, 『性理大全』, 『心經』, 『傳習錄』, 『西銘』, 『近思錄』, 『論衡』, 『退溪全書』, 『栗谷全書』, 『花潭集』, 『聖學十圖』, 『聖學輯要』, 『三國史記』, 『三國遺事』, 『朝鮮王朝實錄』.

기본서[불교]

『阿含經』, 『中阿含經』, 『長阿含經』, 『雜阿含經』, 『增一阿含經』, 『般若心經』, 『法華經』, 『華嚴經』, 『華嚴經疏』, 『涅槃經』, 『法句經』, 『金剛三昧經論疏』, 『阿毘達磨俱舍論』, 『勝鬘經』, 『十地經』, 『十二門論』, 『十門和諍論』, 『百論』, 『唯識三十論』, 『成唯識論』, 『十誦律』, 『解深密經』, 『大日經』, 『坐禪三昧經』, 『六祖壇經』, 『大慧語錄』, 『阿彌陀經』, 『大乘莊嚴論』, 『正法念處經』, 『楞伽經』, 『祖堂集』, 『如是語經』, 『百丈淸規』, 『佛所行讚』, 『大乘起信論』.

단행본

강영안 역, 『시간과 타자』, 문예출판사, 2024.

고병익, 『동아시아의 전통과 변용』, 문학과지성사, 1999.

고영섭, 『불교철학의 이해』, 운주사, 2016.

고영섭, 『한국불교사궁구』, 도서출판씨아이알, 2019.

광덕 역, 『무문관(無門關)』, 불광출판사, 2009.

금장태, 『유교와 한국사상』, 성균관대학교 출판부, 1980.

김길락 외, 『왕양명 철학연구』, 청계, 2001.

김영태, 『신라불교연구』, 민족문화사, 1987.

김응철, 『불교의 현대적 전환과 인간의 문제』, 운주사, 2018.

김태완 역, 『육조단경』, 침묵의 향기, 2015.

김해영, 『김해영 박사의 한비자 읽기』, 도서출판 청어, 2024.

김해영, 『노자강의』, 도서출판 청어, 2023.

김해영, 『새인간행동이론』, 부크크, 2021.

김해영, 『서원, 유학자의 본향』, 안티쿠스, 2021.

김해영, 『유학사상강의』, 부크크, 2021.

김해영, 『공직자, 논어를 읽다』, 안티쿠스, 2014.

김해영, 『사서강의』, 안티쿠스, 2015.

김해영, 『장자강의』, 안티쿠스, 2020.

김해영 · 김동숙, 『교양불교강의』, 부크크, 2013.

김해영 · 김동숙, 『우리들의 금강경 강의』, 청어, 2025.

김형효, 『한국불교와 유교의 사상적 만남』, 일지사, 2001.

류승국, 『유가철학과 동방사상』, 성균관대학교출판부, 2010.

목정배, 『삼국시대의 불교』, 동국대학교출판부, 1991.

무비, 『반야심경』, 조계종출판사, 2012.

문광, 『한국과 중국선사들의 유교중화담론』, 불광출판사, 2020.

문성원 역, 『타자성과 초월』, 그린비, 2020.

박재우, 『유불도 사상 비교연구』, 한국정신문화연구원, 1997.

박태원, 『원효』, 한길사, 2013.

서정 역, 『박사와 성자』, 소명출판, 2025.

성대현, 『유불도 동양 3대 철학에 대한 이해』, 북랩, 2023.

성열 역, 『달마어록』, 문화문고, 2018.

성열, 『붓다다르마』, 문화문고, 2010.

송석구, 『송석구 교수의 유교와 불교 강의』, 예문서원, 2015.

신용국, 『인드라망의 세계』, 하늘북, 2003.

심경호, 『불교와 유교』, 예문서원, 2002.

양승규 역, 『인도 논사들이 이해한 금강경』, 티벳대장경역경원, 2024.
오석원, 『유교와 한국유학』, 성균관대학교출판부, 2014.
우제선, 『연꽃에 매달린 이슬방울』, 오늘의문학사, 2013.
우제선, 『찰라멸논증』, 소명출판, 2013.
월호, 『월호 스님의 십우도 강설』, 운주사, 2016.
유학주임교수실, 『유교의 인간학』, 성균관대학교출판부, 2000.
윤대선, 『레비나스의 타자철학: 소통과 초월의 윤리를 찾아서』, 문예출판사, 2009.
윤무학, 『순자』, 성균관대학교출판부, 2005.
윤청광, 『마음을 비우시게 온갖 근심 사라지네』, 우리출판사, 2002.
이거룡 역, 『인도철학사』, 한길사, 2004.
이규현 역, 『말과 사물』, 민음사, 2012.
이기동, 『논어강설』, 성균관대학교출판부, 1999.
이기동, 『대학、중용강설』, 성균관대학교출판부, 2000.
이기동, 『맹자강설』, 성균관대학교출판부, 2001.
이기동, 『유학 오천 년』, 성균관대학교출판부, 2022.
이기상 역, 『형이상학의 근본 개념들』, 까치, 2025.
이기영, 『한국의 불교』, 세종대왕기념사업회, 1999.
이원섭 역, 『화엄경』, 한길사, 2008.
이은호 역, 『일단 의심하라, 그 끝에 답이 있다』, 모티브, 2025.

이중표, 『니까야로 읽는 반야심경』, 불광출판사, 2017.

장회익, 『삶과 온생명』, 통나무, 2007.

정병석, 『중국철학사』, 예문서원, 2010.

정세근, 『유교와 불교의 인간학적 비교』, 충북대학교출판부, 2019.

정인재, 『주자철학연구』, 성균관대학교출판부, 1999.

정차근 역, 『전습록(傳習錄)』, 평민사, 2000.

천명희, 『오륜행실도』, 한국문화사, 2019.

최경호, 『화엄의 세계 그 원융무애의 존재론적인 구조』, 경서원, 2006.

최재붕, 『AI 사피엔스』, 쌤앤파커스, 2024.

최재붕, 『최재붕의 메타버스 이야기』, 북인어박스, 2022.

한국철학사상연구회, 『한국의 철학사상』, 예문서원, 2001.

한기두, 『한국선사상연구』, 일지사, 1993.

한자경, 『대승기신론강해』, 불광출판사, 2018.

한자경, 『동아시아 철학의 구조』, 이학사, 2015.

한자경, 『불교의 무아론』, 이화여자대학교출판문화원, 2022.

찾아보기

ㄱ

ㄴ

ㄷ

ㄹ

ㅁ

ㅂ

ㅅ

ㅇ

ㅈ

ㅊ

ㅋ

유불(儒佛)사상 융합 연구

김해영 지음

발행처 도서출판 청어
발행인 이영철
영업 이동호
홍보 천성래
기획 육재섭
편집 이설빈
디자인 이수빈 | 구유림
인쇄 빌포스트

등록 1999년 5월 3일
(제321-3210000251001999000063호)

1판 1쇄 발행 2025년 12월 2일

주소 서울특별시 서초구 남부순환로 364길 8-15 동일빌딩 2층
대표전화 02-586-0477
팩시밀리 0303-0942-0478
홈페이지 www.chungeobook.com
E-mail ppi20@hanmail.net

ISBN 979-11-6855-410-8(03150)